JN321401

はじめに

本書の目的は、いまの時代において「善く」働くとはなにかを、何人かの日本の書店員のかたたちの肉声の中から探し、見つけ、考えながらなるべく丁寧に記録することである。じかに取材した声から、おもに働く人、作る人の記憶を集め続け、集合的、立体的な日本人の口述の歴史の一端を残しておきたいと考えてきた職業的なインタビュアーとしての私が興味を持ったのは、ほんとうに一般的な、そこらへんで普通に働いているみたいな人たちが、具体的に体を動かしてきたうえで大事にするようになっていくなにがしかの「善さ」である。その意味で、一冊を通して問う、追うものをはっきりさせるために、題名を『善き書店員』にさせてもらった。

書店業界にまつわる書籍がすでに多くある中でも、本書ができるだけほかとは異なる距離感を持って大事にあつかいたいと向き合っているのは、さまざまな現場で、いま、割り切れない思いも抱えながら働いている書店員のかたがたにじかにうかがった「記憶」である。業界の現状を知るための道具のように、特定のエピソードに「これはほんとうのことですよ」と証拠を与えるための証人として彼らを「使う」取材ならいくらでもあるけれど、もっと長く深く、彼らが実際にやってきたこと、見てきたこと、そしてそれらへの個人的な思いを聞いてみたいな、と思った。そのため、本書に登場していただいた書店員のかたがたの肉声はひとりひとりの分量が比較的長くなって、そのぶんだけ全体をあわせてみると登場人物の数はさほど多くはなくなったのだけど、その構成は、ひとりずつの記憶に深く潜《もぐ》りこみ、あぁ、今日はほんとうに人間と出会ったなぁという体験を大事に記録したい意図からくるものだと理解していただければさいわいである。情報として広く客観的な事実を集めて歩いた調査ではないかたちで、せまい主観的な思いにひとつずつ時間をかけて向き合う種類の、笑顔にも真剣な顔にもどちらにも出会えるような、声によってまとめられたノンフィクションを、ゆっくりとお楽しみいただきたい。

本文では、質問者である私自身は姿を消している。話をしてくださっているかたの生活実感や背景、身にまとっている雰囲気が伝わる声はたっぷり掲載したいけれど、取材者の発する無駄な言葉はひとことでも削りたいし、読んでくださるかたには、よりじかに、より深く、発言や経験の中に潜りこんでいただきたいからだ。取材者なりの評価や質問の内容などは、肉声の選択と配置によって提示しておいた。

善き書店員　目次

となると、自分の店だけ栄えればいい、ではなくなるんですよね。
（堀部篤史さん／恵文社一乗寺店）

4章　一二六

私は広島のことが大好きで思い入れも強く、
町の本屋を守ることには特別な使命感も持っていますが、
でも、ちょっと……あのですね、こういう切実な気持ちを
口に出して人に話すのって、たぶん、
いまがはじめてなんじゃないかと思うんですよね。
（藤森真琴さん／廣文館金座街本店）

5章　一七二

町の本屋の最高峰を目指す、
という目標ができてからですよね、
ほんの少しですけど、強くなれたかなと思っているのは。
（長崎健一さん／長崎書店）

おわりに

※所属店名はインタビュー当時

1章

お腹はいっぱいにはならないけど、
胸はいっぱいになったなという仕事かな。

佐藤純子さん／ジュンク堂書店仙台ロフト店

さとう・じゅんこ／一九七八年、福島県生まれ。
取材させていただいたのは、二〇一二年の九月二十五日だった。

＊

うちの店だと早番と遅番があって、早番の時には開店前から仕事がはじまります。荷ほどきされていない雑誌の山が、ビニールとひもがかかった状態でどーんときているんですけど、それをほどく。ビニールとひもを切って、一冊ずつビニールをかけるべき雑誌にはかけて、棚に残っている前の号と入れかえる。お客さんがくる前にきっちりきれいな状態にしなくてはいけないので、みんなで汗をかきながらやります。あと何分だー、がんばれー、と。ほんとうは（書籍のほうの）新刊も、開店した時には綺麗に並べておきたいんですけど、なかなかむずかしいですね。店のシフト制の都合とかもあって、とにかく朝の時点では雑誌を綺麗に並べておきましょう、お客さまが前の号を手に取ることがないように、とやっています。早番の日は朝九時半に出勤して、開店は十時半、遅番の日は昼十二時半に出勤します。働く時間の長さはシフトによりますが、閉店は八時半。遅番の時はたいてい閉店まで働いて、そのあとレジ閉めがあるから店を出られるのは夜の九時過ぎぐらいですね。

私は、時給制で働いています。うちの店には正社員は少なくて、だいたい私と同じように時給で勤務しています。朝のメンバーは奥さまたちが多いですね。だんなさまを送り出して出勤してきて、昼間の三時とか四時とかまで仕事をして帰って、夕ごはんを作ってだんなさまを迎える、のかな。日中は私のような人が働いていて、夜になると学生さんが比較的増えるので、売り場は朝と昼と夜で見える顔がちょっとずつちがう。私自身がそのシフトの中でどう働いているのかというと、早番と遅番とは半分ずつくらいですかね。どちらかといえば、朝のほうがちょっと少ない。

＊

本屋のイメージって、好きな本を並べて、ちょこちょこ棚を整えてという感じかもしれませんが、ほぼ肉体労働ですよ。重いものを運ぶ場面が多いので、腰を痛める書店員さんはかなりいます。優雅に「この本いいわね」なんて楽しんでポップを描いたりするのは勤務時間中はむずかしいですよね……。たいがい、店の裏で「よっこいしょぉ！」ってやってる。ダンボールって重いですよね。私は文芸書を担当していて、文芸書と文庫とは同じチームでやってるんですが、ダンボールを開けた状態で九面（九冊ぶんの表紙が見えているという意味）びっちり入っているものの重さは、すごいです。ぷるぷる震えちゃいますよね。つらい。

本を棚入れするのにもけっこう動きますし、カウンターの業務も立ちっぱなしだし、座ってる時間はほとんどない。カウンターはいちばん楽しいかもしれません。うちの店は全員で順にカウンター業務をやるんです。時間割りみたいな表に決めてある。お店によっては、棚のお仕事だけする人とカウンターのお仕事だけする人とに分かれているみたいですけど。個人的には、誰でもがカウンターをやることでお客さまの様子もわかるし、そのうえで棚の仕事もして自分の担当ジャンルの専門的な業務もやってといういまの店のスタイルが好きですすね。常連さんのこともわかるし、どんな問い合わせがくるかもわかるので。店の傾向が知れるし、それに私は、接客というのがやっぱり好きなんです。

雑誌を出したあとにすることですか。商品課と呼んでいる係がふたりいて入荷と返品などの流通の担当をしています。新刊の入ったダンボールを開けて担当ジャンルに割りふりして、まだ終わっていなければ、私も手伝うこともあります。私はレジ開けもしなければならないので途中でレジにいくことになるのかな。新刊とは別に入ってくるのが補充の本のダンボールで、これはその日の雑誌、新刊を並べたあとに開けて整理することになります。棚につねに一冊差してあるものが売れて自動的に補充されるものだったり、売れ筋を追加注文したものだったり。それぞれのジャンルで使っている台車があって、それを使って作業します。本や書類を積み上げている人もいれば綺麗にしている人もいるし、台車ってその人の性格が出るオフィスのようなもの。

スーパーとかだと卵、牛乳みたいに商品の種類そのものがちがう品がたくさん並んでいる。ただ、本屋の場合は置いてあるのは基本的には綴《と》じてある印刷物のみで、その一種類の内容がそれぞれちがって多品目になるという点でおもしろい売り場だなとは思います。

＊

書店員として九年ぐらいやっていて、気をつけなければいけないと私が思っていること、ですか？　アンテナを張っておかないといけないな、みたいなことでしょうか。お客さまに訊かれた時に、とても有名な作家の名前にピンとこなかったら、訊いたかたはがっかりされますよね。ぜんぶを知るのはむずかしいけど、学生のスタッフから「……えーと、アサダジロウさんという人の本を探しているようなのですが」なんて相談されると、本屋だったら浅田次郎さんぐらいはパッとわからないと、とは思うこともあります。世の中で起きている出来事に沿って訊かれることもあるので、知らないとちょっとはずかしい。これは自分でもやってしまうんですけどね。七、八年テレビのない生活をしているので、アイドルの名前がちんぷんかんぷんで、逆に学生バイトの人に教えてもらうこともある。

いまいったのはお問い合わせ対策的な話でしたが、もっと直接には仕事に活きないかもしれない面でも、アンテナを張って、お店に置いてある本のよさを理解しておくというのは大事なように思います。いい本をいいかたちで並べる。お客さんに「このお店にきてよかったな」と思ってもらえることをみっちりしていきたいからそう思うんですね。置いている本自体はよそのお店と同じであっても、うちで出会って「買いたいな」と思ってほしい。

本って、読んだあとに人が思うことは別ですよね。同じ本なのに、読んだ人のそれぞれの中ではちがう物語が生まれるともいえる。そのことを、前から不思議だなと思っていたんです。書店員の私は本を買って読む人にとっては、名前のない、顔も認識されない存在でしょう。でも、関われるのって幸福だな、と。そういう出会いの「もと」みたいになれたらいいなと思っています。おこがましいいいかたかもしれませんが。

現実的な表現が得意ではないので、ぼんやりした夢みたいな話になっちゃうかもしれませんが、「開くための番人」のようになりたいなといつも思っているんです。扉の横にいて、「入っちゃやだめだよ」と閉ざすのではなく、開く。本とお客さまをつなぐお手伝いです。そのためには、「どこにいってもおんなじ本屋」ではなくしたい。うちにはうちの、でも、ほかのお店を蹴落《けお》としてというのではなく、ほかのお店とも、新刊書店だけでなく古本屋さんともつながれるなにかをと思って、企画や催《もよお》しにお誘いいただいた時には参加することもあります。

本そのものを楽しんでほしいし、本を介してなにかをすることも楽しんでほしい。そのきっかけを棚で見せられたらいいな、と。情報発信とまではいかないんですが、それでいいと思ってます。今日も東京に出てきたのはラジオ番組で書店員として本をいくつか紹介させていただくためで、でも自分の名前が普通すぎる、という話でその時間の大半が経過してしまって。でもそういうのも楽しんでもらえたならなにかにつながるかな、と。

＊

この本を売るためにどうするか、というと、どーんと仕入れてどーんと積むだけじゃなくて、隣にどんな本を並べるか、とか、いつもとはちがう棚に置いてみる、とかを考えるんですが、そうやっていろいろ試してみたいんですね。お客さまがなんとなく気になって、なにかが起きるかもしれないから。そのための種をまく仕事で。

お客さまに向けて、いい意味でのワナを張っておくんですね。それどころか、じかに話しかけてしまったこともある。お客さまが、しばらくじっと興味深そうにある本を手に取って見ていた。でも、戻した。あ、おもしろい本なのになと思って、つい、「私もその本を読んだのですが、おもしろかったですよ」といってしまって。そのかた、買ってくださって何日かあとにお店にきて「おもしろかったよ」といってくださった。桜庭一樹《さくらばかずき》さんの『私の男』だったんじゃないかな、その本は。いや、でもいつもやってるってわけじゃないです。押し売りは怒られますからね。個人でやってらっしゃる独立自営系の本屋さんでてしまったあとに「いろいろどれも読みたいんですが、時間がないので今日はこれ一冊にします」みたいになる。

＊

お客さまにおすすめする際には、自分が読んだ本だけでは限りがあるので、「読んではいないんですがいいにちがいないと思うんです」と伝える時もあります。『紙の民』という本なんてそうでしたね。装丁も素敵だし、中を見ると三段組みでそれぞれ別の話になっていて「……どうやって読むんだろう？」と思わせる。そういうおすすめで地道に売れてくれているんです。

（本の近くに説明やおすすめの言葉を記す）ポップについては、いろいろいわれもしますよね。ポップが乱立していてカリスマ書店員的なものがそれを描くみたいな状況に賛否両論ある。ポップって描くのが楽しいとは思います。描いたのを見て買ってくれる人がいるのも、うれしい。店の仲間たちが描いたのを見るのも楽しいですよ。いつもおもしろいのを描く子のを「今度はこうきたか、いいな」と思ったりする。

個人的な好みでいえば、出版社さんとかから送られてくるような「泣ける！」みたいなのはあんまり好きではないですね。サプリメント的な作用は、私はそこまで本には望んでいないので。もちろん、その「泣ける！」の中にいい小説があったりもするとは思うのですが、ポップとしては「この人、ほんとにこの本が好きなんだな」とわかるものがいいな、と。愛してるんだなと伝わってくるのはじっと見てしまいます。

もちろん、好きでポップを描いて満足して終わりじゃなくて、本を売らないといけない。そういう独自の展開をするためには、なおさら店全体の売り上げを安定させなければならない。売るべき本はきっちり売らなきゃいけません。ただ、売れている本を置いているだけだと別にうちの店じゃなくてもよくなる。きっちり届けるべきぶんは届けるということをしつつ、仙台ロフト店ではこういうものをおすすめしますよ、という分配が必要なんですね。本の面積比。自分の力の注ぎぐあい。発信のありかた。それらは、お客さまのニーズという受信したものをもとに探ることになります。きちんと売りつつ、開いていく。売らずに夢みたいなことばかりいってちゃいかんとは思っているんです。

＊

売れる本をきっちり届けるために具体的になにをするか？　多面展開をしたり、関連書籍を集めて、お客さまが次にどの本へ進んだらいいかを提案したり。うちの店だったら売れるというものを揃える。伊坂幸太郎さんの本についての話でいえば、ご当地というだけでなく仙台でいちばん伊坂さんの本が売れる店にしたいし、そこはゆずれません。

仙台市内でいえば、うちは売り場の面積でもいちばん広いというわけではありません。うちの店ではないジュンク（堂仙台本店）もあるし、丸善さん、紀伊國屋（書店）さん、と大きなところはほかにある。しかも、ちょっと前から専門書の取りあつかいをやめてしまい、一般書にしぼった事情もある。条件はあまりよくないです。そんな中で、棚を構えている分量と一冊ずつの売れていく分量との比率はあまり変わらないからきびしくもある。でも、得意分野を伸ばして、「伊坂幸太郎作品一番店」を仙台で目指すことならできるかもしれない。

うちの店だと、ほかには芸能人のかたの本がすごく売れます。テレビに出ている人だったり、雑誌のモデルさんだったり。モデルさんのスタイルブックはよく売れるので、そこは売りたい。見えやすいところにどーんと積んできっちり推《お》す。うちの店には真ん中に大きな通路があるんですね。両脇に棚が並んでいる。歩いていくお客さまが棚の端を見て、おっと思って奥に入っていくようなきっかけを作りたくて。エスカレーターをあがってすぐのところに雑誌と、あとは新刊、話題書のコーナーがあるので、とくに新刊・話題書の入ってすぐの場所にはさっきいったスタイルブックとか、きらきらしたものを置いて待ち構える。降りていくほうのエスカレーターの近くには、たいていは帰る人が見るところだから、へぇーこんな本あったんだとひきとめてくれるような本を置く。売れ線や定番からははずれているけどおもしろいもの、ですね。そこで足を止めて、もう一回本を見てもらうワナを作るという。定番のものだけを置きっぱなしにはしない。

そういう意味では棚のメンテナンスって重要ですよね。通常の意味での棚のメンテナンスというのは、棚にきちんと本が並んでいるかどうか、スリップが出たり帯がずれたりしていないか、新刊棚の入れかえはしているかとかいうのですが、それだけではないメンテナンスが要ると思います。手を入れないでそのままにしておくというのは、棚の表情が色あせていくのを見せ続けるようなものなので。

ちょっとずつでいいので工夫して、まったく同じままにはしない。表情を変化させてみたらさっそく売れたりしてもうれしいし、お客さまにとっても呼吸になるというか、ちがう本に気づくきっかけになればいい。私は書店の中で聞こえてくる会話が好きなので、ちょっと盗み聞きみたいでほんとうはよくないのかもしれませんが、耳をそばだてたりもしてしまいます。「これ、出てたんだ」「そういうのに興味があるんだ」みたいな知り合いどうしの会話。この本、おもしろいよとおすすめしているのを聞いて、そんなフェアをしてみようかなと思ったり。お客さまがじかに話しかけてくださってそれがヒントになったりもする。

ただ、新しいことをやってみようとは思っても、現実的なほかの作業量が多くてなかなか手がまわりにくい時もあります。新刊を出して補充ぶんの本を出して注文をして、カウンターにも入って、という中で、限られた時間のやりくりをしていても、お問い合わせ対応に時間がかかってしまったり、カウンターが混みあって手伝ったり、大量の図書カード包装の注文が入ったり。あらかじめ計算しておいて「ここまでできるといいな」と思っていたことがぜんぶできることは、ほとんどないんですよね。すると、お店の雰囲気作りのために新しくなにかをするといったことは、あとまわしにせざるをえない。やってみたいアイデア、妄想ばかりがどんどんふくらんでたまっていきます。

＊

書店員あるある話みたいな実体験はあるのか、ですか？　思いつくところからいえば

「新刊のあれ」というお問い合わせは、お客さまが新しく知ったという意味での新刊なので新刊でないことが多いとか、そういうことですかね。新書というジャンル名を新刊とおっしゃるかたもいますし。あとはストーリーを聞いているけどわからないお問い合わせもけっこうあります。こういう主人公がこんな人と会って、ああしてこうしてこうなって……とストーリーがどんどん進むんだけどこちらはわからない。そのお話がおもしろかったりして。じかに対応している時には、すぐにピンときて見つけることができないのは申し訳ないのですが。スタッフ何人かで集まって、あの本かな、この本かな、と相談しているうちに、お客さまのほうから「いいです、また調べてからきます」とむしろ気を遣《つか》われるようなことになってしまうこともある。「最近出た赤いやつ」と表紙の色だけ伝えてくださるかたもいますよ。

　本の売れゆきで不思議なのは「そろそろ売れなくなってしまったので」と返品したとたんに売れだす時もあること。大好きな本なのに、ごめんね、さよならと出した直後にいい書評が出て探すお客さまがあらわれる。そういうのを防ぐためもあってか、最近では「この本の書評が出ます」という情報が前よりは増えてきていて、そういう時には様子を見て返品しないことにしているのですが。

変わったかたちの本を「プレゼント用に」といわれた時に「どう包もうか」となるのは書店員には割とあることかもしれないですね。「ちょっとうまくいかないかもしれません」と予告して、白鳥や恐竜のかたちの本を、どうにかこうにか少々でこぼこでも包んだりしたことはあります。書店によっては対応できないかたちは袋に入れてリボンで結ぶだけというところもあるかとは思いますが、とにかくうちはなんでも包装紙で包もうとする店です。

十二月にはクリスマスプレゼントのためのラッピングで忙しくなりますね。みんなでラッピングを手分けしてやっているあいだに、人手が少なくなったカウンターの前の列が長くなってしまうこともある。普段は列ができるようには準備していないお店なのにうまく一列に並べるようにお客さんどうしが工夫してくださっているのを見て「早くしろよとも いわずにむしろ気を遣ってくださって。クリスマスの奇跡だな」と思ったんですよね。でも、その奇跡の列が店のずっと奥までいってしまった時には「申し訳ありません！」となった。でも、量が多くてたいへんでも、ちょっとしたサンタクロース気分が勝手に味わえるクリスマスの包装は好きですね。「クリスマスプレゼントを選ぶの、手伝って」といわれるのもうれしいですよ。責任重大なのでできないよ、と思う人もいるでしょうけど、私は好きなんです。

＊

うちの店で働いている人の数は三十人ぐらい。学生さんとか短い時間入る人を含めるとそうなります。その人たちでシフトを組む。カウンターに入る人がつねに五、六人いて、フロアにも五、六人います。混むのは午後です。お昼ごはんのついでにきてくださるので。それからいったん落ち着いて、五時以降になると会社帰りのかた、学校帰りのかたがいらして、七時ぐらいにその波がおさまる。バックヤードでつねに仕事をしているのは商品課のふたりですが、レジ以外でフロアにいるのが五、六人、毎日十人くらい出勤していてバックヤードで発注の仕事などをしたりフロアで棚入れしたり、店内とバックヤードを行き来していています。

文芸・文庫チームとか実用書チームとかチームに分かれていて、それぞれのチームの中で最低何人は出勤して、となっているんですね。ほかにはたとえばコミックや芸術。地図・旅行と雑誌をあわせて一チームになっていたりします。私がいるのは文芸・文庫チーム。うちは実用書とコミックが多いのでそこのチームはそれぞれ六、七人いて、児童書はひとり。ひとりのチームの出勤がない時には、お客さんからの問い合わせに応《こた》えきれずに「どこに置いたんだろう?」と大捜索になったりもする。

店内の検索機で本を調べるとなんのコーナーに置いてあるのかだけでなく棚番号まで表示されるシステムもあります。「自分で探して棚に辿《たど》り着いてね」とお客さんまかせにしているようだけど、何回か検索して棚を覚えてもらえると、本屋の中でお客さま自身が楽しみやすくなるので。ジュンク堂全店に共通の棚の分類があって、はじめはそれぞれの本は「ここの棚でこのコード」とあらかじめ分けられているんですが、うちの店ではちがう棚に入れておいたほうがいいな、と打ち直すこともあります。うちにはなくなってしまった専門書も、ノンフィクションだとかコードを打ちかえて無理やり入れてみたりもする。

私、専門書にはまだすごく未練があるんです。あとはビジネス書であっても話題書のコーナーに入れたらすごく売れるだろうなというものも注文して入れてみたり。コードを打ちかえておかないと「専門書は取りあつかいがありませんので店にはないですね」となっちゃうんです。しっかりコードを打ちかえて、お店のみんなに「この本は注文を出して置いてるから返品しないでね」と伝える。そういう準備をせず、「専門書は取りあつかいがないから」と返品になれば、それは私がよくない。

手間がかかる仕事もおもしろい。みんながそういう仕事も協力してくれて、うちの店の人たちはやさしいんですよね。「自分からそれやるよというのはできないけど、手伝うのはできるよ」。そんなふうにいってくれたりして、ありがたくて、ありがたくて。なにか新しいことをやるとなると、仕事の時間外にやることも増えます。打ち合わせや連絡などは時間外にやることになりますね。いまだと、翻訳家の柴田元幸さんが本を選んでくださった「柴田元幸書店」でそういうやりとりをさせていただいています。そのフェアにあわせて柴田さんに出ていただいた、仙台でのトークイベントも、店の外での企画でした。ほんとうは店でやれたらいいんですけど、場所がないですからね。自分に報酬がないばかりか、イベントに参加してくださるゲストのかたがたにも、申し訳ないほどのほんの少しの謝礼しかお出しできなくて、ご厚意でなんとかかんとか成りたっています。たいへんだけど、楽しいし、おもしろい。

＊

手描きの漫画をコピーして友人知人に押し配りしている『月刊佐藤純子』というフリーペーパーは、夜に家で描いています。これも、本と本屋のまわりのあれこれを描くこともあります。本というもの自体が好きなんです。装丁も好きだし、開いて読んでめくっていくという動作も好きで、見るのも触れるのも好き。めくるといろんなことがわかる。紙の束の中に、物語が、世界が入っている。本の中にはいろんなものが入っている。一方的にですが、何百年も前の人に本を開いたら会えてしまうし、読むことそのものはいつも個人的なことなんだけど、感想を誰かと話すとか、本を使っていろんなことができるし、ひとりの読書がひとりだけのものではなくなっていくのも好きですね。

読んだ時のことを思い出せる、というのも本のよさですよね。今日、ラジオで好きな本について話そうと思って持ってきた、文庫で四年前に出たリチャード・ブローディガンの『芝生の復讐』、これは読み直していたら本のページとページのあいだから桜の花びらが出てきたんですよね。あ、これは春に読んだんだよな、公園の角で、とか、あちこち折ってあったり線が引いてあったり、四年前の自分に再会できた気になったんです。普段はそんなに本に痕跡《こんせき》を残さないけど、当時の自分はそうしたかったんだな、と思ったりしました。ブローディガンに再会できるだけでなく、四年前の私が読んだ『芝生の復讐』というのはどういう体験だったのかも再認識できる。いまの自分が線を引くならここじゃなくてこっちだなとか思うわけですから。四年前の自分とのコミュニケーションも生まれる。

「翻訳されて日本語で届けられた本」というのもすごい存在だなと思います。この本の場合も「翻訳者の藤本和子さんでなければありえなかった文体」といわれているそうで、私は英文と読み比べたりしていないから詳しくはわかりませんが、自分の気持ちの中にすっと入ってくる文章だなと思う。翻訳されていなかったら、しかも文庫で復刊されていなかったら、私はこの本のリチャード・ブローディガンには会えていなかったわけで、そもそも翻訳してまで日本の読者に届けたいと考えた人がいたうえで、海の向こうにあった物語が私の心に届いて「いいな」と思えているのがすごいことだな、と。そうやって心がゆれたりふくらんだりすること自体がすごい。

本屋の状況があまりよくないとか、本が売れないとかいう話ばかりがニュースにはなるけど、そうやって「本が人に届くという不思議で奇跡みたいなこと」は確実に起こっているんだからと思って、私自身としてはあんまりがっかりしないでやっています。だいじょうぶなんじゃないの、と。本と本屋のまわりには、おもしろいことをやっている人がたくさんいる。日本のあちこちに、いってみたい本屋がほんとうにいっぱいあるんです。あの人がいるからいってみたいというのは、かならずしも品揃えがいいとか大きいとかだけじゃなくて、あの人じゃないとできない店だからなんですよね。そういう本屋の話が聞けるのはうれしいです。売れ筋を売らなければならないというのに加えて、もうけを度外視《どがいし》したもののために動いている人もたくさんいますし。届けたいものがあるとか、本そのものが好きとかいう。

*

私は大学を出て、一年ぷらぷらしていて、そのあとジュンク堂に入っています。しばらくは仙台本店に勤めていて、仙台ロフトができたのが二〇〇三年ですけど、ここではその時からの勤務ですね。それまでは、ともだちのうちに居候《いそうろう》したり、ふらっとどこかにいっちゃったり、バイトをしてはやめたりして、ほんとにぷらぷらしていたんですけど、「そんなんじゃだめだよ、好きなことをなにかやったほうがいいよ」と親しくしていたともだちがいってくれた。それでジュンク堂の面接を受けて本屋で働くことになりました。

仕事が続いているのは、本のそばにいたいからというのと、それだけじゃなくて本をちゃんと届けたいなと思っているからではないでしょうか。最初の頃は、自分の好きな本ばかりを売ろうとして失敗したこともあったんです。でも、それじゃあ押し売りになってしまっていたな、お客さまの欲しいものと自分からの発信とのバランスを取らなければ、とわかった。そうすると、好きなだけではなく仕事がおもしろくなっていって。

これまで仕事をしていてつらかったことですか？　うーん、いちばんはお店の売り上げの問題ですね。仙台にジュンク堂は三店あって、ほかの書店もたくさんあって、仙台駅前は激戦区になっていますからね。そこで、売り上げとお客さまを増やすにはどうすればいいのか。いい本を売りながら、きたくなるような店を作らないと。この店をつぶさせないぞ、と。いまの仲間たちとずっとやっていきたいんですよね。

個人の苦しさに関してはやっぱり、いくらいいと思っていることを実行しても、みんなに「こういうことをしたいから」と伝えていかないと、ただの自分勝手な行動になってしまっていたところからきていたように思います。だから、そうならないように仕事をする。企画はひとりで突っ走ってできるものではなくみんなで協力して現実になるものですから。具体的には、学生さんを含めてまわりの人に「こういうことをやりたいのだけど一緒にやらない？」と誘っています。乗ってくれる人とひとつでも多くおもしろいことをかたちにするのが、いまの私の課題です。前はそういう企画を自分ひとりでやってフェアの棚を作ったりしていたんですけどね。誰か一緒にやってくれるといいなと思いながら。でも、それでは限界がある。ひとり、ふたりでも一緒にやってくれる人が出ることで、「今度は自分でこういうことをしてみたい」という動きも出るんじゃないかと思うんです。もちろん、普段からスタッフのみんなは頼もしい仲間だと思っていて、支えてもらっているのですが、「一緒にやらない?」と投げかけたことに応えてもらえるのはうれしいことですね。自分たち発信で作ったフェアの棚の前に、お客さんが立ってくれる。おもしろいと思って買って読んでもらえる。それを体験して「届ける」ことのやりがいとおもしろさがわかるというところがあると思うんです。その楽しさを、もっとみんなで気持ちを同じくして味わってもらえるといいな、と。

店長はいつも自由に仕事をさせてくれて、なにかあった時には助けてくれます。同僚の中には、いつも何人か、相談させてもらう子がいます。その中には、アイデアはあるけれど自分からはいっちゃいけないんだと思っていた人もいた。その人には、「やっていいんだよ、やろうよ」と伝えています。

＊

ほかのお店も含めて、書店員さんが日々の業務でいっぱいいっぱいになっているのはわかります。やらなきゃいけないことでいっぱいいっぱいだから。「あれ、やろうよ」と伝えても

「できないよ」という反応が返ってくるのは、うちの店でもあることなんですね。「なにもほかに新しいことができなくてもしょうがない」と思う気持ちはわかる。けど、「なにか楽しいことをできたらいいな」と、私はそう考えます。

なんでそんなにいっぱいになっているのか？　朝の九時半から開店までの一時間は、まずはさっきお話をしたように肉体労働ですよね。やらなきゃいけないことが多い。人数・時間と仕事の量があわない。雑誌を開けて入れかえが終わったら書籍のダンボールを開けて検品する。それぞれの担当している分野にもよりますが、一日のうちの二、三時間はそれらを台車に乗せて棚にいったり、返品するものを持って戻ったり、わっせわっせとやっていますね。

私は基本的には本も本屋も好きなのでひとつひとつの業務がいとおしいんですが、肉体的にか精神的にかで調子が悪くてどんよりしている時には、たまにそんな本を運ぶ際の大事な一冊ずつが、「もの」に見えてしまうことがあるんです。そういう時には、いかんいかんと思っていながらも、よいしょお、どすんと少し雑に置いてしまう。重いからって「もの」あつかいしちゃよくないなと思っているのですけれど。そういう時には、反省します。もちろん、一冊一冊に思いをこめすぎては仕事が終わらないのだけど、でも、本をあつかうことへの尊厳は失っちゃだめだな、と。装丁や造本の美しさ、開きぐあいが素敵だな、とかからいい意味で「もの」としての魅力を感じるのはすばらしいのですが、箱に詰まった「重いもの、運ぶのに面倒なもの」となると、本を出す時に関わったいろいろな人の気持ちを無にしてしまう気がして。自分で描いていた『月刊佐藤純子』が本になってもその思いを深めることになりましたね。デザイナーさんは普段はかっこいいおしゃれなものを手がけている中で、「ゆるいものを作ることに真剣になれてよかった」と、何気ない絵の配置にもすごくいろいろ考えてくださったんですよ。

＊

私が生まれたのは、福島県の霊山町《りょうぜんまち》というところです。福島と、海沿いの相馬《そうま》とのあいだにある小さい町（いまは合併されて伊達《だて》市といわれる地域になっている）で、ほんとになにもないんですね。なにもないのがいいところなんです。いまは原発事故のあとの放射性物質拡散があったということで、お米を作っちゃだめという土地になってしまい、あまり子どもはいませんね。私が小さい頃、町には「文化堂」という、半分は文房具店になっていた本屋さんがひとつだけありました。文庫がちょっと、コミックがちょっと、あとは週刊誌というようなそのお店に連れていってもらうのがうれしかった。もう、いまはなくなっています。前に車で通りがかったら営業している様子がなくて。

本にまつわる最初の記憶、ですか。たぶん絵本を買ってもらって読んだのだろうとは思うのですが、自分で買ったのはムーミンのもので、それは隣町のもう少し大きな本屋でだった気がします。大きくなるにつれて絵本や児童向けのものだけでは足りなくなって隣町の本屋さんにもいくようになったんですね。隣町のその「木村書店」でも足りなくなったら、福島の中でもけっこう大きめの「岩瀬書店」にいくようになる。父や母に連れていってもらっていました。福島にいたのは高校までで、福島市内の高校に片道一時間ぐらいかけて通っていたのですが、帰りには大きい本屋に寄っていました。

大学からは仙台に住んでいます。宮城教育大学という大学の、先生にはならないコースに通って。教員の免許はいちおう取ったのですが、学校に勤めるとは思っていなかったですね。当時、学内にあった国際文化コースというところにいて、英米文学科でやるような勉強に近いことをやって。アメリカ文学をよく読んでいました。小さい頃には先生になりたかったので、それを知っていた両親は私が教育大学に入ったのをとてもよろこんでくれていました。でも、最終的には教員試験も受けなかった。実習にいった時に、人を導くよりは、申し訳ないけど自分の好きなことをやりたいな、と思ってしまったんですね。

大学卒業後はバイトをしていました。レコード屋さんのバイトはおもしろかったですね。私、たぶん接客が好きなんだな、と思うようになっていった。ただ、音楽を詳しく知っていて誰かにこれを聴いてほしいというような強い主張はないので、ずっとここにいるというのではないだろうな、と感じていたんです。私はワールドミュージックとジャズのコーナーにいたんですが、おばあちゃんとか、かわいがってくれるお客さんが何人かいたのはありがたかった。

そのあとには大規模に洋服を売るお店で働いてみたのですが、「ここの接客はあわないな」と感じました。誰かにこれを伝えたい、届けたいというのがなかったので。スタッフの年齢は若いんですけど、若い人の中で上下関係がはっきりある小さな帝国というか軍隊みたいで、ぎらぎらした感じが気持ち悪いな、私にはあわないな、と。笑顔の練習のために言葉の最後が「い」で終わるものを十回口に出していってください、とみんなの前でやるのがあるんですね。

「楽しい！　楽しい！　楽しい！」

「うれしい！　うれしい！　うれしい！」

……そこで佐藤さんの番ですよなんてなっても、私には、「痛い、痛い……」としか言葉が出ず、数日後にやめちゃったんです。バイトからの出発でもがんばれば出世コースと聞いたものの、いい会社かもしれないけど、忠誠を尽くすことはできないな、私は、と。こういうのじゃないな、もっと体温があるものを販売したいな、と感じました。

＊

ジュンク堂にはじめて入った時には、ビジネス書の担当をしていました。いまでこそ、いい本がたくさんあるとわかるビジネス書のよさを、当時はあまりわかっていなくて。もともとの興味関心がそんなにない分野だったし、種類がたくさんある中で明らかにお問い合わせをしてくださるお客さまのほうが私よりも詳しいなと思う経験もあって、申し訳なくて。その時にスタッフのかたから、「仙台ロフト店というのが今度新しくできるけど、そちらに異動したら好きなジャンルをやっていいよ」といわれて、その「好きなジャンル」にぐらっときて即答していまに至るという感じですね。文芸書にあこがれがあったし、ひとつずつに興味を持って仕事ができそうだな、と。開店時の棚作りからできるというのにも魅力を感じました。

新規開店こそ、ほんとに朝から晩まで棚に本を詰める肉体労働で、たいへんです。次から次へとダンボールで本が送られてくるものを詰めていく。棚の許容量より多く送られてきて入りきらないこともあれば、三本、棚があるのに本は一本ぶんしかないよ……なんてこともありました。実際に棚を作ってみないことには棚の文脈や使い勝手がわからないのでしかたないのですが。専門書の棚をなくすとなった際には、リニューアルにあわせて別の分野の棚を増やしたり減らしたり、同じようなたいへんさはあるんですけどね。

新規開店の際の発注は池袋店のかたがすべてやってくださったのでこちらは指示通りに対応するという感じだったのですが、リニューアルの時には、本来は各ジャンルのトップのかたが設計するところを、ありがたいことに「純子さん、やってみる？」と私は池袋店のかたにいっていただけて。やってみてたいへんさに気づきましたが、やらせてもらえるのはありがたかったですね。通常の業務をやりながら棚についてああでもないこうでもない、どこに棚を動かしたらどうお客さんの流れが変わるか、もしうまくいかなかったら自分の責任だから言い訳もできないし、増やしたり減らしたりする用に棚を発注して……と、責任の重さと楽しさが同居しているって感じでしたね。

＊

リニューアルの際にやったこと、ですか？　カウンターの前と、エレベーターからお店に入ってきたところに、女性向けの自己啓発のような本を置いて、かつ、通路側に面陳《めんちん》を多くするようにしました。ほとんど読んだことのない本なのですが、うちで売れる本だとはそれまでの経験でわかっているのだから、活かさない手はない。そこは目を「¥マーク」にして楽しみながらやったことです。私自身はおしゃれをするための本なんて買ったことがないんですが、よく売れますし、「みんな、そういうのを読んで綺麗になっているんだな。女子がんばれー」と、これは、なんの皮肉でもなく、素直にそう思いますからね。私は「オンナコドモ」っていいと思っているんです。その二者のための店にもしたい。一般的には「オンナコドモ」って言葉はさげすみの意味で使われてきたかと思いますが、私はそこに属するひとりとして、「オンナコドモ」にとって楽しいお店にしたいんですね。

ほかにやったこととしては……「読書論」という棚コードがつく文芸評論などのコーナーは、店の角のほうの、ちょっと地味な、でもきっちり広く取れる位置にあるんです。そこで私は遊ぼうと。目立たないところに遊びを作っておく。メジャーではないけど、好きだなあとか、この人の出す本を応援したいとかいうものを固めて置いています。作っている人や出版社の顔が本の向こうに見えるもの、ですね。そこには、ほんとの気持ちのほんとの言葉で書いたポップも置きやすい。

自分で描いたポップの中で印象に残っているものですか？　岩波文庫から出ている『たいした問題じゃないが　イギリス・コラム傑作選』というのなんてそうですね。コラムって、好きなんですよ。そのポップには、「こんなおじさんたちの話なら、聞いてみたい」と記しました。説教臭くもなく、自慢でも武勇伝でもない、なにかいい話をするおじさんたちなんですよね。それはけっこう売れてくれました。

ポップを描く、つまり売るためにおすすめの文章を書く時に気をつけているのは……きっちり読みこんで、というのとはまたちがう感じで読んで描いて。海外文学のちょっと絵本っぽいものだとさぁっと読んで印象を記したり、なるべく、自分の気持ちだけを押しつけがましく描かないようにはしています。本が置いてあるだけだとわかりにくいおすすめポイントをまとめるなり説明をするなりするという場合もある。いや、でも私はじつは感情の押しつけ系のポップが多いかもしれないですね。で、イラストを描きます。絵を入れると「お」と思ってくれる率が高まる気がするので。ほどよく、数色の色を使う。そのぐらいで、なるべくお客さまの目にとまるようには考えますが、あまり詳しく技術について知っているわけではないですね。

少しだけ世間にもの申す的なことをいうなら、有名な人が推しているからとかカリスマ書店員的な人がすすめているからというのは、たしかに私も「あの人がいいっていってた本、おもしろかったからな」とつい手に取りがちではあるものの、あまりにもそれが多すぎるのもなんだかなぁとも思います。有名な人にコメントをもらっただけで終わる、というのはどうなのかなぁって。

＊

休みの日は、小さいカフェとかギャラリーでともだちがやるライブに、音楽を聴きにいっていたりしますね。あれこれ楽しいことをやっている人が最近は多いので、その人たちのイベントに顔を出す。または自分でイベントを企画したりもします。あとは、絵を描いたり、ともだちのやるイベントのチラシを描いたり。ともだちでイベントをやっている人たちは普段はお店をやっていたり、会社に勤めていたりといろいろだけど、だんだんお店をやっている人の割合が増えてきたかな。年を重ねるにつれて、なにかをやるために集まって会うともだちが増えてきた。打ち合わせを兼ねてごはんを食べたりお茶を飲んだり、笑い話もしながら「あんなことをしたいね」と話すという。

人と会うことが好きなんです。私たちの好きなあの人が淹《い》れてくれたコーヒーがいい、とか、お店もお店の人も、もちろん出てくるごはんもぜんぶ好き、だからこの店にいきたい。店の選びかた、町の見えかたが最近はそう変わってきています。ここは何々通りの何番地の何階、とかじゃなくて、あの人に会える道、というように、地図に人の顔がくっきりと刻まれて見えるようになってきた。イベントにしても、まずとにかく楽しいから集まるというのがいちばんだな、と。

人には恵まれているな、と思います。困った時にとんとんと肩をたたいて「私がいるよ」みたいなかたちで支えてくれる。「おもしろい。それがいいんじゃない」ってひとことがすごくありがたいので、私もみんなに対してそれができているといいなと思いますね。もう社会人なので、部活気分ではいられない。職人気質《かたぎ》もいいけれど、ただただストイックにやるだけでは楽しさが出なかったりする。自分にとっての快感はあっても、まわりの人も楽しくはできにくいというか。世の中に多い、人をがっかりさせるようなニュースは、それはそれでほんとうのことなのだろうけど、でも個人としては、楽しくやっていたほうが自分にもまわりにもいい、と思うんです。私自身の経験でいえば、やっぱり、楽しそうな人に会うことで熱量が伝染してくれる、みたいなところがありますし。ワクワク感は伝わるものですよね。

書店員に関していわれていることの中には、「たいへんね、かわいそうに」なんていうこともありますが、私は「かわいそうかもしれないけれど、けっこう楽しんでもいますよ」と感じています。ひょっとしたら利益にならないことばかりしているけれど、やっぱり人と会うのって楽しいですよ。お腹はいっぱいにはならないけど胸はいっぱいになったな、しあわせだなとはよく思いますので。

書店員の楽しみは……いちばんは、人に本を届ける「あいだ」に立てるところにあるんじゃないでしょうか。本って、書く人、作る人、売る人、読む人がいて、はじめて誰かのおうちの棚におさまる「宝物」になるもの、ですよね。書店員も、名前は残らないとしても、たしかにその「あいだ」のどこかにはいたんだ、と思うとうれしい。自己満足かもしれなくても。「本が好きだな」と思って集まってきている人たちの世界の中に、ほんの少しではあっても私にも役割がある、というのがいいなと感じているんです。

2章

ほんとうに好きじゃなければやめたほうがいいよ、
と年下の人間にいわざるをえない業界にはなっていますよね。

小山貴之さん／東京堂書店神田神保町店

こやま・たかゆき／一九七四年、東京都生まれ。
取材させていただいたのは、二〇一二年の十月二十二日だった。

＊

うち（東京堂書店）は一階二階三階とあるのですが、最近、私は二階から一階へと担当するフロアが変わりました。一階では、正確にいえば統括の補佐の仕事をしています。一階には名物になっている「いま、おすすめの本」を置くスペースもありますし、部長が直轄で見ていますからね。その前にやっていた二階ではフロアの責任者である「マネージャー」でしたが、その役割でいえばうちの店を出て、道路をはさんで向かいにある「シェ・モワ」といううちの店舗、そちらをメインで見ています。

二階から一階に移ることで仕事のやりかたが今後変わるかもしれないのですが、二階にいた時の業務について話しますね。

二階にいた時はビジネス書と社会、政治の担当だったので自分でもの（本）はいじってたんですが、いまはほとんど、ものに関しては下の子に投げちゃっている部分もある。今後はそのマネジメントをすることになるだろうから、具体的にはどうするか……と、いま考えているところなんですね。棚をいじりたいとかも出てくるかもしれませんが、まだ変わったばかりでどうなるかはわかりません。ともかく、二〇一二年の四月にこちらの書店に移ってきて半年というところですね。

なぜ、この仕事をやるようになったのか？　もとを辿《たど》れば、私、二十歳ぐらいの時にフリーターをしていたんですね。その頃に、本格的に就職をする前に書店で働いてみたいというのがありました。それで、いまはもうなくなってしまったんですが、東中野にあった青林堂書店というところにアルバイトで入ったんですね。募集があったので受けたら、本と文具があるうちの文具のほうにまわされてしまった。ちょこちょこ、本の売り場にも口出しはしていたんですけど。でも、そこではぴったり五年間働きました。経営者が本業を持っているかたで、そちらの仕事が忙しくなった、ということで閉店になってしまったんですけどね。そこで私はちょっと宙に浮いちゃって、仕事を探さなければならなくなったので、今度は本格的に本だけをやっているところを、と。それで三つぐらい探していた中で社員の募集をかけていた山下書店に入社させてもらいました。山下書店にいたのは十二年です。

高校時代には、得意でなかったですが勉強の中では歴史関連のものが好きでしたね。本はミステリーが好きで、よく読んだのは島田荘司《そうじ》さん。あの頃はやっぱりって感じがありますね。高校を出てそのままフリーター生活に入りましたが、フリーターも当時そういう働きかたが世の中に知られだしたところだったんじゃなかったのかな。で、青林堂に入った。店長はもともと、人文、社会系の本の品揃えの豊富さで有名だった芳林堂の、しかも人文書全盛の時期に在籍していた人だったんですよね。店長も含めるとその時代の芳林堂にいた人が社員でふたり、アルバイトでふたりいた。直接、指導を受けたわけではなかったのですが、店長はへんに人を惹《ひ》きつけるところがありました。仕事の面でいうと、基本的にはだらしない人だったんだけど、ただまぁ、しめるところはしめる。そこはすごいなと思って見ていました。

＊

店長は、スタッフを引っぱっていくってわけでもなかったんですけどね。でも、よかった。私以外にも同じように思っていた人は何人かいました。閉店することになって、最後にじゃあみんなで宴会しようとなった時には、それまで私が働いた五年間でいた歴代のアルバイトは全員きていたんですよ。普通、いやな思いをしてやめていって、もう二度と振り返らないのがこの世界だったりするので、その「基本」とちがっていたのはそれだけですばらしいな、と。

当時は書店のことはよくわかっていなかったんですよね。でも、いま振り返るとやっぱりさっきいった芳林堂からの流れがあった。東中野って、普通の住宅街なんですよね。そこの駅前にある本屋で、平凡社のちょっと硬めの東洋文庫のシリーズなんかを揃えて回転させていたなんて、いま思うとすごいスキルだな、と。もちろん、全体的には雑誌主体のいわゆる普通の町の本屋さんではあるんです。それでも要所でぴりっとしたところを押さえていた。いい店だったので閉店はすごく残念でしたけれど。いや、本のあつかいかたに関してはわからないというか、文具にいましたからね。返品のやりかたは知っているってぐらいだったでしょうか。

店に関して覚えているのは大江健三郎さんの声ですね。その頃にノーベル賞を受賞された大江さんの講演を一日じゅうBGMで流していましたので。あれ、たぶんお客さんにはよかったと思うんですが、その……まる二週間、一日につき八時間ぐらい、えんえん同じものを聞き続けるのはきびしくて。あのぼそぼそ話される声は、割と印象に強く残っていますね、ふふふ。じつはその頃、ノーベル賞受賞の報を受けて大江さんの本を読んでみたいなと思ったんですが、講演を聞き続けて妙に知った気になってしまい、未読のままなんです……。

そのあと、山下書店に入社できた理由、ですか？　亡くなられた先代の社長が、ほとんど履歴書を見た時点で決められたようですが、私は簡易万年筆の少し太めの文字で記したので、お年を召した先代には読みやすくてよかったのかな、ぐらいしかわかりません。そこでひっかかって拾っていただいたのかも。経営者のかたの都合で急に仕事がなくなったところでありがたかった。

やっぱり、本屋をやりたかったんですよね。青林堂が閉店になった際には、現場レベルでは「なんだよ、それは」という感情があった。そこで店長や先輩がたが本来継続すべきはずだった仕事が不条理に絶たれてしまいましたからね。私と同じ立場のアルバイトさんたちはぜんぜん別の仕事に就《つ》いていった。そういう中で、私としては本や文具に関して背中でいろいろ教えられたことをできれば受け継いで次の仕事をしたいな、というか「私は書店にいかなければいけないな」というのがどこかにあったんですよ。

いまいった、「背中で教わったこと」とはなにか、ですか。……店がスタッフ全員の「居場所」であるみたいな雰囲気があったんですよね。店長のリーダーシップによるものが大きかったと思うのですが、やはり私も悩みごとを店内でいろんな人に相談して救われたりということがあって、「こういう場を私も作っていきたいな」と。通過点としての、お金をかせぐ場としての職場もいいんですが、いい体験をして次に役立てられる場としての働く居場所、ですね。

店長がそういう考えかたをしていたんですよ。私の場合は、当時、家のほうでの事情があってうつ病とまではいかないにしても神経症っぽくなってしまっていた。職場までいくのもつらい状態で、休みがちになっていたんです。その時に店長は私に対して「きみ、このままではほんとうにだめになるから、無理をしてでも店に出てきなさい」と、相談に乗ってくれたうえでひとことといってくださった。切ってもいいようなところで引きあげてくれるかただったんですね。年齢が親子ぐらい離れていたからそんな対処をしてくださったのかもしれませんが、そのひとことに背中を押されたおかげです、いまもこうして働けているのは。

＊

そのあとに山下書店に入社したのは、一九九九年です。大塚店が新規オープンするという採用枠で入ったんですね。コミック担当でしたが、開店当初は「棚にちょうどぴったり入る本をというよりは、あふれてもいいから新規店には多めに送りこんでおけ」みたいな会社の方針で、店の中が本であふれかえっていましたね。そのあとの返品はよく覚えています。当時はいまのようなコンピュータによる処理ではなく、手書き返品だったので、一日じゅうやってた時もありました。最初は返品と入金とレジだけをやっていた。そのうちに他店のコミック担当がやめたことでひとり大塚店から異動が出て、それで店内でコミック担当に空きが出た。そこで私がスライドするかたちでコミック担当になったわけです。

最初の配属は遅番でしたからね、一日のはじまり、開店のための作業には参加していませんでした。昼過ぎの二時半から夜の十一時まで、まあ営業時間は長かったですかね。出社するとまず返品……私、なんだか返品の話ばかりしていますかね？　でも、まあその返品のための仕事をやる。夕方になると店が混んできますからいったんレジに入ります。レジは基本的にはふたりで、混んでくると四人になるという。返品に関しては私が文庫を、もうひとりが雑誌を、みたいにひとり一ジャンルで担当していました。

はじめは「山を崩していく」みたいにして、在庫用に借りていた倉庫から返品していく。山、なかなか減らないなというのが最初の印象でした。値段別で返品する冊数を記入するんです。とくに文庫やコミックだとそれをやりやすいんですけど、まずいったん本の山を崩して値段別に本を分けておいてから書きだすと、早く仕事が終わる。いまでこそいろんな値段のものがありますが、当時は文庫などはさほど分類しなくてもよかったような気がします。五百円前後のものが多くて。

まあ、返品ではとくにたいへんだったことはないのですが、レジでしたね、むずかしかったといえば。山下書店では、なぜかお客さまからあずかった金額をレジに打ちこまず、暗算で計算してお釣りを返すというしきたりがありまして……。これ、もちろん理由があってできていた社風だとは思うんです。大塚店は町の本屋として機能しているほうでしたが、よそではキオスクに毛の生えたような店舗も多く、回転率の速さが命ということで、レジに打ちこむ時間ももったいない、と慣れたらひとりあたりを速く接客できるこのやりかたが導入されたらしいんですね。おかげでひどい目に遭ったかと問われれば……はい、そうですねというしかない。

でも、別の店舗からこられた人に、たとえば二〇〇〇円のあずかりで一三三〇円の商品だとしたら、いや、これでは簡単すぎるから一三三五円だとしたら、一の位から引いてもわかりにくいのでとにかくゼロが出るふたつ前までの位では足して九にすればいいんだと教わりました。この場合は一三三五・〇円だとすれば十の位まで、ですよね。百の位は三に「六」を足せば九、十の位も三に「六」を足せば九、で、一の位はゼロの前だから足して十にするのですが、それで「五」。位の大きいほうから暗算できて六六五円とわかるわけです。なんでも慣れてしまうもので、はじめはきつかったものの、いまでもだいたい四ケタや五ケタならなにも考えず自動的にぱっとお釣りが頭に浮かんできますよ。

で、お釣りに慣れたらレジはうまくできるかといえば、もうひとつ、山下書店には独特のカバーの折りかたがあって……本のブックカバーにさっと折りたたんだ書店のカバーをかけるんじゃなくて、本そのもののカバーの表と裏を利用して書店のカバーを折りこんで一体化させてから本にかける。わかりますかね？　本に装着されているあいだは本のカバいまのーと書店のカバーが分離しないあのやりかたです。それが、苦戦しましたね……。ちゃんと東京堂もそうなのでいつかは身につける必要があったのかもしれないですけど、ちゃんとできるようになるまでには一カ月以上かかった。女性陣だと半月ぐらいでできるようになるんですが、男性はやっぱりそのぐらいかかっちゃいますね。ハードカバーなんてはじめはとてもむずかしかった。いえ、本と本のカバーをはじめから完全に分離させる、有隣堂さん的なやりかたではなく、本のカバーの折り目を利用して折りこむ方法です。あそこまでのはさみこみではない。

＊

レジで印象的だったこと？　土地柄のせいかアングラな本とかがよく売れていましたね。やくざものですとか、あとは風俗のお店が割と集まる地域があったためか、そっち系の本や雑誌ですとか。たまにこわいお兄さん、おじさんというか本職のやくざのかたがいらして対応にびくびくしてしまったり。「刑務所に本を送るんだけど、どんな本がありがたがられるか」と訊かれて相談に乗ったり。相手の状況がわからないので刑務所ものや犯罪実録などの「ど直球」をすすめました。

コミックの担当としては同期とペアで仕事を進めることになったのですが、入って二カ月三カ月というふたりだけで、指導役のいないままやることになったんです。そこで、仕事をどう組み立てたか。コミックの場合には新刊が売り上げのかなりを占めるんですが、新店ですからあまり希望通りの配本がないことが問題だなと思いました。返品率が二〇パーセント以下だという状態を一年間続けたら希望に沿いますという話だったので、まずはそれをクリアするよう心がけました。新規店でしたからいろいろ取っかえ引っかえやって実験したい気持ちもありましたが、一年目は手堅くやって売り上げそのものは悪くても、一年後に新刊がちゃんと入るようになったらたぶん劇的に変わるよね、と同期とは話したんです。「あれを買ってないんじゃないか」と店長につっつかれながらも、いや、こういう理由があってと安定的に返品率が少なくなる方向に張り続けた。がまんの一年でしたね。

同時に、おたがいに少年漫画ぐらいしか読んでいなかった男性の同僚とは一緒に少女漫画をはじめとする漫画雑誌を買って勉強していきましたね。買って読むんですけど、最初はなにがおもしろいのかがわからない……。「雑誌の中でカラーページを持っている作家さんの過去作から読んでみよう」とか、ほんとにそんなところからだったんですよ。そのうち、内容がちょっと少年漫画に近いと感じた『LaLa』(白泉社)、当時でいうと『八《や》雲《く》立《も》つ』(樹《いつき》なつみ)などにはまったことをきっかけに、やっぱり同じ雑誌に載っていた『彼氏彼女の事情』(津田雅美)などもおもしろいなと思って少しずつ女性用の漫画のすごさがわかるようになっていきました。

で、一年後にはめでたく注文通りの配本がくるようになったんです。取次はトーハンさんだったのですがその担当者のかたからは「最短で満数店(希望通りに配本される店)になったよね。こんなに早いところはなかなかないよ」といっていただいた。それはうれしかったですよ。手応えもあった。ただ、この話にはオチがありまして……その二カ月後にいきなり、どういうわけか山下書店では、全店が満数店になったんですよね。どうも、当時のうちのほうの社長が強権発動をしたようなんですね。まあ、いいことなんでしょうけれど、そういう話が進んでいたのならば、ひとことといってくれたらあんなに苦労しなくてよかったのになとは思いました。ははは。一年間の苦労、してもしなくても同じだった。しばらく、やさぐれはしましたけど仕事はうまくいっていました。

＊

しかし、二年目の途中で、「もう、仕事がきつい」ということで、組んでいたもうひとりが店をやめてしまった。私たちはコミック担当なわけですが、その頃のやりかたでいうと、コミック担当になると同時に早番になっていたんですね。それで、早番の人間が雑誌を出すという決まりがあった。いま振り返ってみても、早番の人には仕事の比重が重かったように思うんです。遅番は返本とレジだけ、みたいなのだから。そういう中で、肉体的にも精神的にも疲れていったらしく、やめた本人から聞いた言葉でいえば、「風呂に入っていたら、なんの徴候もなく鼻血が出てきて、おれはもうだめだと思った」ということらしい。

あとはやはり、当時の店長が割ときびしいかただったのもあったのかな。直接の指導というのはないんですが、店にあの本が並んでいない、この本がないということで、スタッフを理不尽に責める場面がよくありました。ただ、それにしてもいまはその時の心境のままに「理不尽」といったけれど、あとで自分も店長になってみて、当時の店長の言動にしても、おそらく新規店ということで上から課せられるノルマみたいなものと実状があっていないいきつさから、ああなっていたのだろうなとは想像できたんですけどね。当時は「あんないいかた、ねえよな」と下のスタッフたちどうしでいいあっていたんですが。

まあともかく、一緒に働いていた人がやめてしまい、その穴埋めに誰かがくるということもなく、コミック担当は私ひとりになってしまった。でも、割合その仕事に慣れてきていた時ではあったので平気でした。シュリンク（中味を立ち読みされないよう、また本を保護するために本の外側を薄いビニールで包むこと）の作業がひとりでは面倒だったなというぐらいでしたね。

そうはいっても、私も肉体的にも仕事はきつかったので、当時やめていった同期とのちがいがあるならどういうことなのかなと思いはしましたよ。当時いろいろと考えはした。私なりのなんとなくの結論は……やっぱり前職のことがあって、やりたいことがあった、ということでした。だから、本に触れられるのはありがたくてうれしいことだった。入荷してきた本を区分けする作業というのがあるのですが、やっぱり、まだ発売されていない新刊の箱を開けた時の新品のにおいも気持ちがよくて。ただ、やりたいことがないと、つらいだけの業務になりかねないのがこの仕事でもあるとは思います。

当時はまだ、ほんとうに入りたての新人社員でしたからね。場を作りたいだとかいった究極的な目標までは見えていなかったとは思います。だから、「やりたいこと」は書店員を続けられなくなった人たちも見てきた前の職場の経験からくる「本にさわり続けること」。こんなところでこけていられないぞ、とその頃には思っていましたね。で、無我夢中で仕事をしていただけで、店全体のことを考えて動くこともせず、とにかく自分のジャンルの売り上げを伸ばそうという気持ちが強かったですかね。

＊

その頃は……ちょうど、いろんな書店に手描きポップが出回りはじめた時期でもあったのかな。そうそう、ちょうど手描きポップが流行《はや》るきっかけのひとつにもなった『白い犬とワルツを』の文庫がものすごく売れたという出来事がありましたよね。私はコミック担当を一年ちょっとやったあとに文庫担当に移ったんですが、その時にあの文庫が話題になっていたので、まあそんな時期です。いまにして思うと「売れるものを並べる」という基本的なことはやっていたんですけど、まわりに競合店がなく、むしろまわりの小さなお店をつぶしてしまうかたちの店舗でしたからね。町の本屋さん二軒と、アダルト専門の本屋さん一軒は、うちが新しく開店したことでなくならざるをえなくなった。だから、工夫といっても、当時は品揃えでおこなうということだったと思います。

同期の人間がやめて二カ月ぐらい経った頃には、今度は副店長が子どもが生まれるということでやめた。その副店長が文庫をいじっていたんですよね。それで文庫に移り、ほかにもいろんな仕事がふりかかってくるようになっていった。文庫とコミックでは、まず冊数のちがいがあるんですよね。コミックでは、売れるものはうちの店だけで三ケタ以上の数が売れるというのがざらだったんです。その気持ちが抜けないまま、文庫でひとつのタイトルで二十冊ぐらい注文してしまうと、あれ、なかなか減らないな、売れ筋なはずなのにということがよくあった。その数の感覚を修正するのに、まず、何カ月かかかりました。新刊でも三冊とか五冊しか入ってこないのでだいじょうぶなのかなと思っていてもそれで足りていたりする。

そういう文庫の担当者としてなにをしたかというと、硬めの文庫も仕入れるようにしたというのが一年目でしたね。ちくま学芸文庫とか講談社学術文庫とかの配本がなかったのですが、二年近く大塚の店にいる中では、思うところがあって。文京区のほうからわざわざきてくださる、知識に興味を持っていらっしゃる層がいる、と単行本の動きなんかを見ていると伝わってきていたんです。ですから、そのふたつのレーベルの既刊を入荷してみて、その結果からランクをつけるということをして……結局、一年ぐらいかかっちゃいましたが。

……あ、そもそも「ランクをつける」といういいかたがわかりにくいですかね。年間に何枚のスリップ（本のページとページのあいだにはさまっている、売り上げを管理するための小さい紙）をかせいだかで、それぞれの文庫のレーベルごとにランクがついたりつかなかったりするんです。売り上げが充分にないと、ランクはつかないということですね。新刊のランクってけっこう細分化されていたり、文庫だとある程度は表になっているからわかりやすかったりします。年間でたとえば千枚のスリップをかせぐ、つまり千冊売れると初回の配本はこの冊数いきますよという中で、それらの硬めの文庫の既刊を試しに入れて売り上げを立ててた。単価が高い文庫なので売り上げがよかったという記憶がありました。そして、私がそれらを仕入れた動機には、やっぱり、芳林堂、青林堂の流れをくんでというのが明らかにあったと思います。人文書の周辺にあるものを積極的に売っていきたいと当時考えていたのだろうな、という。

＊

当時は、文庫の動きとしてはいまに続く「はしり」のようなものが見えはじめていた時でもあったんですよね。さっきいったポップもそうでしたが、時代ものの文庫がまた流行りはじめたという印象があった。副店長と私が入れ代わるちょっと前に、それまでなかった「時代ものだけ集めた文庫の棚」ができて、「こうしたらおもしろいんじゃない？」ということで当時の副店長がやられていたんですが、それを引き継いで盛りあげていくというのはやりましたね。たしか、司馬遼太郎さんの『梟《ふくろう》の城』が映画化されたタイミングでもあったので、司馬さん、池波正太郎さん、藤沢周平さんに平岩弓枝さんを加えたようなかたがたの文庫は、置いておけばおもしろいように回転していったんです。いまみたいに歴史小説を書く新人作家さんが目立つという感じではなかったので、大御所《おおごしょ》をきっちり揃えて平台を入れ替えてという基本的な作業をすることになりましたね。

文庫を一年弱やった頃には、店長が代わりました。書店って、店長が代わると店内の雰囲気ってかなり変わるんですね。次にきた店長の前任店は渋谷だったんです。売れるものに対する感覚がちがう。だから、育ててきていた人文系の文庫にも「これ、要らないんじゃない？」といわれたりもしました。だから、こちらとしては、いや、そうではないんですよとこれまでの流れを説明する。やりとりはたいへんだったな……。でも、もうその頃にはすでに店の中でも私がいちばんの古株になっていましたので意見は通りましたが。二年や三年でいちばんの古株になってしまうのもおそろしいなとは思いましたが、あとから考えるとこの業界では「よくあること」ともいえる。その頃で私は二十九歳とか三十歳ぐらいだったと思います。

そのぐらいの時期になると仕事が忙しくなってきて、本を読む量は減っていきましたね。夜、むずかしい本を読んでいると、寝落ちしてしまうパターンが続いたりもした。なにか、ほとんどの空き時間を、前に担当していたジャンルでもある漫画を読んで過ごすようになっていった気がします。それまで、買った本はかならず読んでいたんですが、そのぐらいの頃から積ん読がはじまっていった。給料は安いですし、拘束時間が長いので外食の機会が増え、というかまあ途中で食べにいって仕事に戻るのですが、そちらでお金がなくなって、あまりたくさん本を買う余裕は残っていないという事情もありました。

お金に関しては生活していくのにぎりぎりという感じでしたね。まわりでやめていく人たちがいういちばん多い理由が「労働に見合ったお金ではないよね」でしたので、まあそんな感覚です。私は実家の裏に離れみたいなのがあってそこから通っていたので家賃はかからず、それでもたいへんだったという状況でした。まわりのみんなに比べたら本を買えていたほうだったのかな。亀有《かめあり》に住んでいて、通勤は四十分ぐらいかけて大塚まで電車で出るというふうでしたね。いまも同じところに住んでいます。

*

そんな時に、店長が代わった。渋谷からきた店長は、同い年だったんですよね。最初のほうのやりかたこそ「え、それはちょっとちがうんじゃないの」と反発を感じもしたのですが、やっぱり同世代なので話しているうちに多少仲良くなった。相談ごとなんかもある程度私にしてくれるようにはなったんですが、ただ、その新しい店長が、思ったよりも売り上げを上げられなくて、割と早いスパンでつぶれていってしまいまして。そのタイミングで、ちょうど競合店ができたんです。それでがくっと数字が落ちてしまった。店長は別の店に移って店長という役ではなくリハビリ、みたいになったんですね。その次の店長がくるまでの「つなぎ」として私が臨時の店長になりました。ほかのところでも新規出店なんかがあって、人が完全に足りていない状態で店をまわしなさいみたいなことにはなった。しかも、うちの店は、できた競合店への対策として、二十四時間営業にしてしまった。それで一気にきつくなりましたね。

いちおう、深夜枠の正社員も配属されたのですが、ずっと営業時間が続くので教育ができないんですよ。それと、やっぱり深夜はへんなお客さんが多い。お酒の入ったお客さんを含めて、トラブルが割と起きるようになってしまって。そのへんも、店長がつぶれてしまった理由のうちのひとつになっていた気もしました。深夜の酔ったお客さまに理不尽な要求をされる。ところが、そこで応対する深夜専門の社員というのは新しく採った人なので、ほぼノウハウがなく、またさっきいったようなことで教育もできていない。朝に私たちが出勤した時にそのトラブルが引き継がれて右往左往してしまう。応対としては当事者にお会いしにいくのですが、まあ、昼間のお酒が抜けた状態なら冷静さを取り戻していらっしゃる場合が多いとはいえ、精神的に気が休まらないんですね、トラブルがたくさんあるというだけで。

臨時店長をしていた頃には、人手不足が深夜にまで及んでいました。そのため、私は早番で出てきて、いったん家に帰ったあと深夜に人が足りないぶんを補うために働くみたいなこともしました。きつかった……！　ただ、これはのちのち、役にも立ったんですけどね。似たようなことを、あとで自分が店長になった店舗でやらざるをえなかったので……。早番が夕方の五時に終わったあと家で三時間ぐらい眠り、深夜十一時から朝の八時まで働く。とはいえ、レジ番をひとり置いて、「あと、なにかあったら呼んで」とバックヤードにいるみたいなのがそういう場合の私の働きかたというほど、夜中はお客さんも少ないのですが。基本的には、終電が終わるとそんな感じでしたね。

ただ、深夜、冬場などは近隣のホームレスのかたが暖を取りにこられて一晩じゅう読まれた文庫本がぐじゃぐじゃになる。においがついてしまい売りものにならなくなる。あれには困りました。いまならやんわりと「はたきがけ」みたいなことぐらいはするでしょうが、当時ははじめてでなにもできなくて……。本が傷《いた》むということでいえば、土地柄、アダルト関連の雑誌が売れるのはいいんですが、立ち読みによる損傷も激しくて。漫画と同じようにシュリンクをかけて中を保護するのですが、破られて付録のＤＶＤだけ抜き取られてしまっていたりした。普通のお店の場合には漫画のシュリンクを破られてしまうことのほうが多いのだろうけれど、そのお店に関してはアダルト関連の被害のほうがはるかに多かったですね。

＊

その臨時店長としての二カ月が終わったあとには、当時、新宿にあった本店を閉店することになったのでということで、本店の店長をしていたかたが新店長になったのですが、そのかたはほんとうにオールマイティーなかただったのでほっとすることができました。

品揃えに関しても基本に忠実で、売り上げとお客さんの動向を見つつ、食わずぎらいもせずどの分野も揃えていく。その姿勢を見ると「こんなの、売れないんじゃない?」とこちらが暗に思っていたものまで売りにいって結果を出すのはすごいなと思いました。ビジネス書は売れていなかった店なのにそれで当たりを出したり。まず、これはというビジネス書を、はじめは物量作戦みたいにして「顔見せ」のようにして置いておくという感じですね。結果は一カ月単位ぐらいでフィードバックして、売れたものに近い本をより伸ばしていく。それを売り場のあちこちで同時に進めていらして、さすが山下書店全体のエースとされる店長だと思いました。

私自身は、新人の頃から担当していたコミックの分野に戻りました。そこで一年ほど過ごしてから、山下書店各店の店長をしたあとに退職したというかたちになりますね。コミックに戻って最初の店を終えた時には働いて五年くらい経っていたのかな。ひさびさのコミック担当者としてしたことは、いったんもとの流れ作業的な棚に戻すということ。つぶれてしまった店長の在籍していた時期、アルバイトの人間にコミックがまかされていたがために、担当者個人の趣味をかなり前に出した棚になってしまっていた、その余波が残っていたので修正していったわけです。こちらも臨時とはいえ店長を経験していたため、コミックをおもに見るとはいっても全体のバランスを意識した中でのコミックをと思い、品揃え的には幅広く網羅《もうら》するようにはなっていましたね。

かなりいろいろあつかう分野を移っていたように思われるかもしれませんが、これは同じ店内でも私だけ特殊だったのかな。ひとつのジャンルをずっとやっている子もいましたので。私の場合はちょうど、山下書店全体の中で新規店ができたり、既存の店がつぶれたりという動きにともなって異動がぐるぐるとあったのにあわせて店内で位置が変わっていったということですね。

さっきいったエースの店長がきた頃、大塚のお店の中の雰囲気はかなりよかったんですよ。異動で同い年の人間がきたのですが、彼は直前まで、いまはもうなくなってしまった銀座のお店で、しかも銀座でとてもよく売れていた文庫をやっていた。その文庫のスペシャリストがきてくれたのはいい刺激になりました。ただ、そういう支店内の事情とは別に、母体である山下書店そのものの経営がたちゆかなくなって、取次であるトーハンさんの手が入ったんですよね。ただ、経営にトーハンさんの手が入るとはいえ、むしろトーハンさんから配属されてお店をチェックするかたはかなりフランクで「とにかく、売れればいいからさ」と現場をしめつけなかったので、仕事がやりやすくなったんです。しかも、そのかたはしめつけないだけでなくよくお店にきていて、売り場を見たうえでやりとりをしてくれた。

＊

そのあとには、私はいまはなくなってしまった大手町のお店の店長になったんです。地下街の、人通りがかなり多い立地である代わりに六坪ほどとかなりせまいお店でした。せまいとはいえ借りている土地は割と高価で、人員を増やしたら赤字になってしまうとのことで、お店にいるのは店長である私と、あとひとりのアルバイトのみ。営業時間は朝の八時から夜の十一時までだったのでよく働きましたね。充実していました。

本の見せかたの工夫としては、いかに目立って通る人の目を惹くかみたいなことでしたね。とにかく、棚に差して背表紙で本を見せるのではなく、棚に表紙の面を前に見せるように配置する、この面陳《めんちん》というのをかなり多めにやりました。足早に通り過ぎていきますので、立ちどまってくれないなら数秒の勝負だということです。

すぐ近くにあった紀伊國屋書店さんが、あまりたくさんはコミックを置いていなかったので、そこはちがう戦いかたができるなと思って、うちもそれまではほとんど置いていなかったコミックを売りはじめたらうまくはまりました。もちろん、基本的には硬くてまじめなサラリーマンの人たちがお客さんなんですが、年代的に私と同じかちょっと上というかたをよく見たので、通勤中にコミックを読むことに抵抗のない人が多い世代だろうな、と。いちばん売れていた『ワンピース』の新刊が月に二百から二百五十冊ぐらいコンスタントに買われていくので、あの規模の店ではいい動きだったんです。

大手町にいくまではほとんどビジネス書をいじったことがなかったので、その点でも新しい場所は勉強になりましたよ。まず、自分でそれらの本を読むようになって、店でしかけていくんですが、大手町の私がいた店で本を買われるのは銀行のかたが多く、一般的な売れ筋とされる自己啓発ものよりは、もっと硬めのむずかしいビジネス書に手をのばすという感触がありました。それと、知識に対する欲求が強いようだったので、息抜きのための硬い本……ビジネス書ではないのですがたとえば量子論を比較的簡単に解説するみたいな本を置いてみるとよく売れたりもした。雑誌やそのほかの本の動きを見ていれば、知識欲ってどのくらいかはわかりますので。

*

店長になると入ってくる情報量がちがうなとも思いましたし、数字がらみのいろいろな勉強をするようにもなりました。それまでの仕事のやりかたとちがうことをするようになった点は、単に売り上げだけを意識するのではなく、棚の効率を考えるようになったというところ。これ以上人件費を増やすことができないと社内でいわれたからには、いかに少ない人数で店を効率よく動かし、棚をまわし、作業的にも負担を軽くするかを考えなければ、と思いました。だから机の上でいったん棚をどう作るかを考えてから作業するようになった。それまでは棚の前にいってから考えていたのですが、レジに入っていなければいけない時間が長いのでそれでは間に合わず、店内の棚をブロックごとに分けて考えてから整理する。これで、短時間で棚を作れるようになり、ほかのこともする時間が取れるようになりました。

「ほかのこと」とは、具体的にはどういうことか？　外の情報に触れるようにしたということですね。書店の中でひとつのジャンルをあつかっている時には、基本的にはいつもいくつかの会社の同じ営業さんとだけ話していて、考えてみたらずっと同じような情報にしか触れていなかったな、と店長になってみて思ったんです。店長になると、すべてのジャンルの営業さんがこちらに顔通しをしてくださるし、中にはものごとを比較して考えるために、よその会社の情報も「たとえば」と参照していただける場合もある、とわかるようになった。そういったかたたちと会って話す時間も多く取るほど、へえ、そんな棚の作りかたもあるのかと発見が多かったんですね。ですから、そういうかたたちとお会いする時間を、積極的に作るようになった。「あそこのお店は売り上げがよくない」といった話をはじめ、悪い情報、マイナス面というのは業界内で早く伝わりやすいんだな、とは、そういうかたたちの話を聞いて痛感しました。

大手町にはちょうど二年いたんですが、体力的にはけっこうきつかったですかね。地上との出入口に近い地下道に面したお店なので、冬場はさむい風が吹きこんでくる。夏場は冷房がきいていなくて暑い。環境的には最悪でしたが、そこでがんばってしまったのがいま思えばよくなかったんでしょうか。そのあと二店舗で店長をしたんですが、チェーン店の中でいえばことごとく「まずい環境」にいかされたんです。あいつは体力があるという認識を社長に持っていただいたようだったのは光栄でしたけれどもね。

＊

大手町の次にいったのは綾瀬のお店でした。もともとはある書店さんのフランチャイズの店舗だったのだけど、経営がたちゆかなくなって手離すことになった、そういう場所を山下書店が引き継いで買い取る、ゼロから立ち上げ直す時の店長として送りこまれたわけです。下につくスタッフもぜんぶ前のフランチャイズの店舗に所属していた人たちではありません。で、人件費を減らして黒字にしなさいという会社の方針があったので、早番は二、三人、遅番も同じぐらい、それで二十坪ほどのお店をやっていくことになりました。

アルバイトさんは全員新人で、もともと書店アルバイトというのは新人が多いもので、業界にすれていなかったり疲れていなかったりするのはいいのですが、それでも人が足りていない時にはそれだけでは不安なので、ということで一日に二度出勤するということをまたやったりして。それでまずはじめに二年間ほどいる中で、お店の立て直し自体は、めでたくうまくいきました。一日二回の出勤も、綾瀬という場所が住んでいる実家と駅でいえば隣でしたからね、前よりはうまくいった。

立て直しができたのは、大塚の店の頃の経験が活きたからと思っています。歩いたらわずか二十歩ぐらいのところに、規模としては、一・五倍ぐらい向こうのほうが大きいという競合店があったのですが、そことの近距離での棲《す》み分けができた。相手もこちらより大きいとはいえ六十坪や七十坪そこらなので、すべての本を網羅しているわけではない。ここでちがう品揃えをしようと考えた背景には、地味に、うちの会社が大塚に出店したことで近隣の店をつぶした経験がひびいていたんです。競合というよりは棲み分けというか、まわりにちょっと電車にでも乗っていけば、大規模な町があるという中で、綾瀬という土地がだんだんすたれてきているのならば、どちらかが生き残るってわけでなく、おたがい協力して土地として活力のある町になってくれたほうがいいんじゃないか。そう考えたわけです。

それで向こうのお店がやっていないジャンルを盛りあげていこうということで、いわゆる「町の本屋さん」の規模のお店にはめずらしく、ビジネス書に力を入れてみました。近くのお店は文芸なんかが強かったので、そこに真正面からぶつかるのはばかばかしい。このあたりの、隙間をついていこうという感覚は大手町の時から続いて持っていたものかもしれないですね。

書店員としてやっていこうと思った原点のところの、働く人の居場所を作りたいという気持ちはどうなったのか、ですか？　そうですね、大手町では自分ともうひとりだけなので居場所もなにもないという余裕がない状況にいましたが、綾瀬でははじめて複数人のスタッフを抱えることになり、あ、前からの目的に手が届くかもしれないな、じゃあまず、アルバイトの子とのコミュニケーションも、店の運営のかたわらで大事にしようとは思っていました。コミュニケーション、うまくいってくれたんじゃないですかね。私が店にいた二年間では、学校を卒業したり就職したりということでアルバイトをやめた人はいましたが、いやになってやめたという例はなかったですからね。普通、この世界だといやになってやめる人が多いという中でもそうだったんです。

面接で慎重に人を選んだというよりは、ほんとうに開店まで時間がなかったものだから、条件さえあっていれば……ときてもらった人たちでしたけどね。どうも、私の仕事の量が多くて、時間的にむちゃくちゃな働きかたをしていたから「助けよう」と思ってくれたみたいで。いいやつらですよ。いや、その感覚は私が普段接していて思ったことで、言葉で直接そういわれたことはないのですが。でもまあ、その次のお店で人手が足りなくなった際も綾瀬の店からひとり人材を引っぱってきたぐらいに信頼していました。その人間は、いまは別の分野で仕事をしているんですが、また一緒に働きたい、みたいな話をしてくれているのは私にとって、うれしいことなんですよね。

＊

その次の店は原宿で、そこでも二年ぐらい店長をしたんですが、何年かずっと赤字だったところを、当時の社長に「あそこを再建しにいけ」といわれて出かけて、まあ失敗しましたね……。それまでの経験とちがって近隣に競合店がないからどのジャンルの本も揃えなければならず、私としてもそうするつもりだったのですがまわりがあんまり協力してくれなかったですね。それで、お客さんのニーズに品揃えの面でぜんぜん対応しきれなかった。

なぜ、周囲からの協力が得られなかったか。ひとつには、問屋さんの理屈を前に出されるというのがありました。ちょうど、宝島社さんから出ている女性向けファッションに絡めた付録つきの雑誌、いわゆるブランドムックが、都心部では多少、すたれはじめてはいたもののまだ売れているという頃だった。私としては、そろそろブランドムックは数字的に頭打ちだろうから在庫を持ちたくなかったのですが、「ラフォーレ原宿の中にある店なんだから、これは絶対売れますよ」と、毎月五点や六点は、そういうムックが入ってきて……その店はストックの置き場がなかったので、売り場はいやおうなくそんなムックの過去からの在庫で埋まってしまい、手を広げられなくなったんです。
やりたかったことは、割とはっきりしていました。いらっしゃるお客さんは基本的には観光客なので、ブランドムックだけでなく「テレビで話題になっているもの」を置くといいとはわかっていたんですが、そのあたりのケアがまったくできないでいた。あと、原宿店では文房具もあつかっていたので、修学旅行生や十代の子なんかにも手軽に買ってもらえる、単価の安いものを、たとえば自分の経験もあって好きなジャンルのペンなんかで展開すれば売り上げは立ったはずだったんです。実際にずっとそう提案もしていました。ただ、その店の前の店長が無節操に在庫をためこむタイプで、「それの処理が先だろう？文具は返品できないんだから、ただでさえ多い既存の在庫をこれ以上増やすわけにはいかない」と、山下書店の経営陣の抵抗がすごかったらしくて実現しなかった。かわいい文具で巻き返しをと思っていましたが、ここは自分の交渉がへたでしたね。

*

その当時までに、すでにうちの社長とは肚《はら》を割って話せる関係にはなっていたけど、ほかの交渉相手、社内の部長や経理、あとは取次の担当さんなどとはそうなっておらず、それまで比較的、そうしたかたたちのいうことをはいはいと聞いていたのも裏目に出てしまいました。「おい、あいつ、えらそうに逆らってきたぞ」みたいな見られかたをされたのはつらかったですね。そういうことでうまくいかないものだから、上層部で唯一本音を伝えあえる関係にあった社長とは、怒鳴りあいの喧嘩《けんか》をしたりして……。いや、その時期にも、仕事は好きだったんですよ。社長とのそんなやりとりだって、仲がよかったからできたものです。手を入れればきっと状況がよくなる店舗なのに、手をのばすことが許されない。これじゃ、自分が店長としてやれることはない。それがいやだったんです。

問屋とか社内の上層部の思惑《おもわく》とかが優先されるというのは、まあどこの本屋さんでもそうなんでしょうが、私の場合、リミットは半年、それで状態が変わらなかったら閉店、とあらかじめいわれていましたからね。じゃあ、もうだめですよ、閉店しろってことですかとやさぐれてしまいました。もちろん、その範囲の中でもがんばりはしましたが、閉店が決まったあとの一年間ほどは、まあ当時は「上には上の事情がある」なんて思えなくて、つらかったですね……。

そうこうしているうちに、原宿の閉店が決まった何カ月かあとに、社長が代わってしまったんです。取次さんから出向してきたかたが新社長となり、割と取次のかたらしい王道の経営をされるようになり、しめつけがきびしい感じになったんですが、社長がそのかたに代わったとたんに、「店舗閉鎖とともに、きみは整理解雇に」と上層部から急に伝えられて……あれはきつかった。そもそも、原宿店は前の社長から「まあ、きみでだめだったら閉店だろ」みたいにいわれた異動で、だめだったらやめなきゃいけないなんて話ではなかったはず。正直、そりゃねえだろう、と。

そのあとには、ツイッターで知り合ったこの業界のかたたちが、ずいぶんはげましてくれて、そのみなさんが声をかけてくださらなかったら、私、この業界に戻ってこなかったと思いますよ。ツイッターそのものは、原宿店にいた時期にはじめていて、その頃がちょうどはしりだったんじゃないのかな。営業さんとのつながりはあったとはいえ、ほかの会社の同じ立場の書店員のかたたちとやりとりできるようになったのははじめてで、新鮮に思っていたんです。

それでも、整理解雇といわれてしばらくは、今後どうしようかというのは決めかねていた。本は好きだし、さっきいっていたような目標なんかもあったんですけど、とにかく社員として働いている中でこんなあつかいをされるような業界にいても、生活が成りたたないよなと思っていたので。しかもこういうあつかいって私だけが受けていたんじゃなく、業界内のそこここで見聞きしていたので、将来がぜんぜん見えていなかったんですね。

＊

それでも、「整理解雇、食らいました……」と伝えると、ツイッターで出会ったみなさんは「まあ、ちょっと休んでまた戻ってきなよ」みたいな声をずいぶんかけてくださった。おかげで、いつかみなさんの期待に応えるためにも復帰しないとな、とは思って過ごしていられた。しばらくは、ひさしぶりの休日で痛んでいた体を落ち着かせていたんですけどね。六年ほど店長をやっていた際の環境がきびしくて、たまの休みは一日じゅう寝ているみたいな過ごしかたしかしてこなかったので、インプットもなくなっていた。失業給付が出るとのことだから、知り合いの書店員さんのお店を見にいったり、本を読んだりしてみようと思ったんです。

本を浴びるように読めたのは、楽しかったですよ。自分がこれまであまり落ち着いては読んできていなかった外国文学に手を出したりしていて、白水Uブックスの『オレンジだけが果物じゃない』（ジャネット・ウィンターソン／岸本佐知子訳）なんて独特で、印象に残っています。で、あちこちのお店をまわったのは、ひたすら勉強になった。前々から、営業さんに「こういうおもしろいお店があるよ」とはいってもらっていて想像はしていたんですけど、想像を超えるようなお店がいくつもありましたよ。

いちばん感動したのは鶴見（神奈川県横浜市）のブックポート２０３さんでしたね。あとになって、店長は代わられたようですし、最近いってみたらちょっと雰囲気が変わっていたので当時とはスタッフのかたたちが入れかわっているかもしれませんが、百坪ほどという限られた広さの中で、しかも新刊を多く入荷というよりは、既刊本で攻めていくような姿勢に、「ああいうお店の作りかたもできるんだなあ」と感動したんですよね。それまで店長だった原宿で、新刊を手厚く集められずに失敗したと感じていたこともあって、すごく興奮したんです。私がお店にいったのは平日の人が少ない時間帯で、従業員数も少なかっただけに、棚の実力の高さが伝わってきました。目立った展開をしているわけでもないんですが、とにかくぜんぶの棚をなめまわすように見たいなと思わせるんですよ。いい棚って隣どうしのつながりが絶妙で、棚を作った人の意図がちゃんとあるんです。当然のように並べるべき関連図書がありながらも、ときどき、あれ、なんでこれが混ざるのというう本もたまに大事なところで入ってくるのは、私の好きな棚ですね。つぎつぎに本がつながっていく棚、という気がするので。

ただ、そういう自分が好きな棚、書店員にとっていいなと思える棚だけでは留まらない「いい棚」ってなんだろうとは、最近でもよく考えるんですよ。私はこの業界が長いのである程度は知識がある。そういう人間が見ていいなと思う棚と、一般のお客さんが見ていいなと感じる棚とは、交わらないんじゃないのかなというのを、すごく思うんです。けっこう悩みどころで、むしろ昔ながらのいい棚って、一般のお客さんは意図をくみとりにいくんだろうからそこらへんの兼ね合いをどうしたらいいのかな、と。そもそもいい本だけを置いたら売れるというわけでもない。原宿の店で痛感しましたが、いま、露出が多いものを買いたい、話題になっているものを買いたいというかたもかなりおられますからね。

*

そんな中で、だんだん失業給付も切れてきて、就職を考えなければという頃に、本の雑誌社の杉江（由次）さんに声をかけていただいたんです。ツイッターのダイレクトメールで、いま、東京堂書店で社員募集をしていますよ、と。そういうきっかけで現在の職場に入って半年ほどというところですね。東京堂書店はかなり大幅なリニューアルを経て若めのお客さまが増えた。そこでなんですよね、これまでの読書人だけでない、ごく普通のお客さまにとってもいい棚はというのをこのところよく考えているのは。

客層の拡大を店のほうも真剣に考えている時に入社したので、余計にそう思いますね。もちろん、私自身にとっても昔から訪れては、新刊台のコーナーを一階に非常に広く取った「軍艦」と呼ばれているスペースにはあこがれを抱いてきたので、人文書のすごさは以前の通りであっていい。そう思っています。ただ、そこに「わかりやすさ」を加えなければならないのかな、新しいお客さまにも伝わるように……という状況なのでしょう。私としては、ここ神保町からも、最近では専門書をあつかうところは減ってきている中では、やっぱりいわゆるベストセラーの品揃えなどよりはむしろ、ここでしかお目にかかれないようなものを前に出していくのがいいんじゃないかな、なんて思いながら楽しく働いています。

働く環境もすごくよくなって、人員的にも充分に配置されているので、あ、書店員でもちゃんと週に二日休めるんだな、と感じているところです。それに、同僚に実力者がいるのですが、そいつの仕事のすごさを分析したり、相談したりできる状況がありがたいですね。おもしろいやつが店内にいるんですよ。私より年少で、三階の文芸をいじっている人間なのですが、のちのエースになるんだろうな、こいつにはちょっとかなわないなと思わせるんです。そいつが一階のフェアなんかを担当すると、たとえば、小規模な版元さんを盛りあげていこうというフェアなど、しかけたフェアの質が高いだけでなく本の消化率がすごい。結果を出すんですね。

一階なら一カ月半、三階なら一カ月で一回のフェアをとりかえていきますが、そいつはいつも当てている。私はじつは、フェアは客寄せの効果があればそれでいいし、なかなか実売には結びつかないものという意識を持っていました。四割や五割が売れたら大成功とさえ思っていたのに、そいつは七割から八割という別次元に持っていく実力者ですからね。そうやって同僚に驚かされるのが新鮮で、すごさの理由を今後ちゃんと解析していこうと思っています。

書店員のいまの状況について思うこと、ですか？　年下の人間に対しては、とにかく、ほんとうに好きじゃなければやめたほうがいいよといわざるをえない世界になっていますよね。なにかしらの思い入れがなければ、体を壊していくだけ。しかもこれから、労働環境はきびしくなっていくだろうなとは見えているわけですからね。個人的には、小さい甥っ子と姪っ子が安心して通える、しかも手作り感のある、機械的にただ並べただけではないお店を作りたいなというのが目標なんですけど。

3章

本やコーヒーのようなものって、
合理性だけを追求したらなくてもいい嗜好品《しこうひん》ですけど、
そのなくてもいいものがある世の中を考えたい。
となると、自分の店だけ栄えればいい、ではなくなるんですよね。

堀部篤史さん／恵文社一乗寺店

ほりべ・あつし／一九七七年、京都府生まれ。
取材させていただいたのは、二〇一二年の十二月六日だった。

＊

いま、恵文社一乗寺店の店長をやっているのですが、経営者ではないんですね。運営全般はまかされていますし、店の中のことすべてに責任を持っているんですけど、店を立ち上げたわけではない。学生の頃にバイトで入ったわけですから、「ここで勤めあげよう」とかいう目的意識があっていまがあるわけではなく、まあ、「結果こうなった」わけです。就職活動をしなかったので、ほかのかけもちのバイトをしたりという活動をしているうちに、いちおうこのお店から給料が出るようになった。

ほとんど、それまではアルバイトしかいないようなお店だったんです。店長がいない時期だって、あった。ぼくが十九歳の頃だったかな。学生の時の紹介で入りました。当時、恵文社には西大路《にしおおじ》店と長岡京店とここの一乗寺店があって、もともとはオーナーが（京都の）南のほうではじめた書店だったんですよね。そのあとに長岡京に支店を出し、その次に一乗寺店を出した。ぼくが働きだした当時、いちばん新しい支店だったんですが、それでも会社概要を見ると一九七六年に営業をはじめたわけだから、一九七七年生まれのぼくの年齢と同じくらいの古さにはなるんですね。この一乗寺店をはじめたのはいまのオーナーで、学生街ということで出店されたのかと思います。京都大学があったりして、雑多ながらも学生が多い地域という。

かつては、店の向かいに京一《きょういち》会館という名画座があった。京都では、どこかの系列ではなく独自のプログラムを組む名画座って少なかったんです。ぼくも資料でしか知らないんですが、東西の戦争映画を集めたり、原作の文芸映画を特集してみたりという場所だったようです。オーナーは経営の状態だけは見るけれど、運営は近隣に集まっているような学生に自由にやらせていた。ぼくが学生だった頃、当時つきあっていた彼女がこの恵文社の西大路店のほうでアルバイトをしていたんですよね。彼女はその頃まだ刊行されていた漫画雑誌『ガロ』を買うような子だから、お店の人に「変わってるな」と注目された。そこで近くにそういうものに詳しい人がいるとぼくの話をしたみたいで「そいつに会いたい」みたいなことになった。で、面接というかぼくがお店の人からの話を聞きにいって話すうちに適当に「採用」ということで働くことになっていたんですね。

この恵文社のバイトに入った少しあとには紹介でレコードショップのバイトをやったりしていました。学生時代はほとんど学校にはいかずに、音楽が好きだったのでクラブイベントを企画したり、DJをしたり……まあ、レコードが好きだったのでレコードをたくさん買って好きなものをかけるみたいなことですね。ハウス・ミュージックとかヒップホップとかのクラブっぽい音楽だけでなく、六〇年代の音楽だとかいろんなものをかけていました。

その時は九〇年代の後半に入った頃で、当時ってアカデミックなものや古典のように権威のあるものよりは、ちょっと雑多でも、どれだけいろんな種類のものごとを情報として知っているかが大事だみたいな流れがなんにせよあったように、いま振り返れば思うんですよね。八〇年代からのニューアカデミズム的な価値観は、ちょっと沈んでいたというか。ぼくはそのまっただなかで生きていたので、本にしても一冊を読んですごく影響を受けたというのではなく、その本がどんなところに位置しているのかを見るみたいな感じでした。学生時代は英米文学科にいてジャック・ケルアックを卒論に選んだのですが、それもケルアックという作家に衝撃を受けたのではなく、彼のまわりも含めた「ビート・ジェネレーション」の動きが作家やミュージシャンに与えた影響がおもしろいなと感じていたんですよね。

＊

ぼくは中学高校大学とずっと京都の立命館に通っていて、同世代が進路を考えたり受験勉強をしているあいだも、ずっと趣味に没頭していました。はじめはヘビメタなんかを聴いていたんですがそのうちそれもステレオタイプかなと思うようになってもっと極端なノイズミュージックを聴いてみたり、その中味というよりかは自分がなにを選択するかが自分をかたちづくるように感じていたわけです。根本敬《たかし》さんの『因果鉄道の旅』なんかが、気があうまわりの人たちとの共通言語のようになっていた。マイナーな世界のものを愛していて、それらに情報として触れ、コミットする、そんなことを続けてきました。

ただ、インターネットが一般的になるにつれて、「情報を知っている」というのは、前ほどには「それだけで価値があるもの」ではなくなっていったと、ぼくは感じています。

「なにを持っている」「誰がこれをいいといっている」みたいなことは、それだけでは発展性がないなというか、消費されて終わるだけであとに残らないなとぼく自身が飽きはじめていた。そのうち、ものすごくめずらしいもののことを短く語るというよりは、誰でも知っている音楽ソフトのことなんかを長く語るみたいな姿勢がいいなと感じるようになっていきました。文脈のある説明に、魅力を感じるようになっていった。

それから、ですよね。文脈を含んだ立体的な捉えかたで本を紹介しようと思ったのは。少しあとになってからの話にはなりますが、ぼくが三十歳の頃にこれまでこのお店で売ってきた本を伝える書籍を出版したのもそんな気持ちからのものでした。現代美術などでは作品の文脈も語られるでしょうが、たとえばうちでよくあつかってきた写真集なんかの洋書って、これまでは一般的には、いってみれば「これ、買いですよ」とか「有名人のあの人も持っていてお気に入りみたいです」とか短くおすすめされるのに留まっていた。そういう風潮がいやだったので文脈を示したわけですね。いまだに、位置づけと内容のどちらも伝えないと、とは危機感を抱いているんですよ。

本屋さんについての本を読んでいても正直つらいなと思うんですね。本をしっかり読んで、ポップを書く。それだと内容にかたよりすぎていて、その本が社会の中でどんな位置にいるのかがわかりにくかったりするな、と。かといって位置ばかりを伝えて情報を消費するみたいなだけでもよくない。そのどちらも語る、示すのがいまのうちのやりかたになっていますね。たとえば『図案辞典』という古い図案集がうちのロングセラーになっているのですが、いまや実用性の低いその本を、デザイン書の棚の「さしすせそ」の「す」のところに置くだけでは届かないだろうから、とたとえば「レトロ」という括《くく》りで集めた本の中に面出しで置く、とか。

＊

これからは、ますます、記憶に残るかたちで立体的に提示される情報が、希少価値のあるものになるのではと思っているんです……といったようなことは、やっぱり本屋がどんどんつぶれていくみたいな状況で考えるようになったんですね。本を商品として単純に消費しているだけではだめだ、文脈を考えねば、と。その一方では、ぼくは通常のこの業界におけるきびしい教育は受けてきていなかったこともあって、店長になってこの業界のしきたりを見るのも外部の人間からの視点で「……いや、それは慣例で続いてきた構造そのものがおかしいんじゃないかな」と思うことが多かった。それで、より自分のしていることとに自覚的になれたというか。

取次が本を選んで、それが店に配本される。バイトの時から、とくに説明もなく入ってきて、返品し続けるのを見て、やめりゃいいのにと思ってはいたんですね。で、店長になると取次に意図は伝えられるものの、「これは送らないでください」と止めてしばらく経つと、また、ここでは売れないだろうなというものが入ってくる。自動的なシステムでそうなっているのであって、人が介在していないんだなと思ったんですよね。実際、特定のチェーン店を見てみると、やっぱり自分たちでセレクトしていないことがよくわかるんです。

ある時期から、洋書をあつかう大型書店が減っていることなんかも象徴的だと思います。倒産などで洋書をあつかう取次がほとんどなくなった。それにならってやめていったわけですよね。返品を前提にして仕入れをしていたという事情もあるのかもしれません。うちのように基本的には買いきりを前提にしてすべての本を揃えているなら、同じように洋書を入れることはすぐできるはずなんです。しかも、洋書ってお客さんが買うハードルは高いですからね。誰かが推《お》していたというだけでは簡単には動かない。自分がブログを見たり雑誌を見たりしていいなと思ったものだけを海外から直接買いとるセレクトが当たり前というのみに留まらず、周辺情報も伝える動きが要るんですね。

そんなことをいっていてもうちのお店は町のはずれにあるわけで、いまの時代、ぼくのやりかたで町内だけを相手にしていたら成りたたない。立地条件からいって「わざわざきてもらう」のを前提にしているんですね。本屋というのはひとりで黙って、静かに本を選ぶ場所、ゆっくりできるところだというのを大事にしているので、あんまり、お客さんと親しく話してどうこうしようとは思っていません。ひとりできても、消費だけに留まらないたくさんの文脈に触れられるように、かつ、簡単に飽きてしまわない多面的な本のよさに長い時間接することができるように、というのを意識しています。

ただ、毎日理想的な静かな状態ではむずかしいというのははっきりとあるわけです。本は、売れても利益は二割しかない。必死になってホームページを更新し、SNSに書きこみ、全国から人を集めて土日なんか人でごったがえしていて、毎日、電話がじゃんじゃんかかってくる。落ち着いているかといえば、そうはいいきれないところもあるのですが、やっぱりそれくらい忙しくないとお店はまわらないわけです。かといって、支店を増やしたいとは思わない。ある程度は目の届く範囲で自分でコントロールしたいわけです。

本好きの人が長く静かに過ごせる場所というのを著しく超えたにぎわいにしようとも、

もっとたくさんのイベントをやろうとも思わない。むしろ、本の利益率が五割ぐらいなら、もっと静かなお店にできるよなとは思うわけです。人を雇うのもふたりくらいで、そんなに必死こいてイベントとかをする必要もなくなる。いまぐらいやってぎりぎりなので、外に向けてお客さんを呼びこんでいるのは経営上やむをえないことです。

＊

ほんとうは誰彼かまわずは呼びこみたくないというのは、京都でお店をやっている人に比較的多い気質なのかもしれません。消費されて終わりではいやだとか、安易に共感されたくないとかいうのは京都のお店独特の考えかたで、ぼくが好きでよくいくお店や飲み屋さんの店主と話すと近いことをおっしゃいますね。飲みにいったりして話を聞いていると、「店をいい状態にしておきたい」といわれる。すごいもうけて東京に出店したりするのは、逆にかっこわるいと思っているみたいなんですね。

外から見てもカフェかなにかよくわからない。ランチもやっているわけではない。ぼくがよくいく店なんかは、知り合いに頼まれれば、上の座敷を使わせてくれて、割烹《かっぽう》クラスの料理を作ってくれる。パッと見て何屋かわかるような看板がかかっているわけでもない。……そういうのって、お店の状態をコントロールしているんですよね。「一見《いちげん》さんおことわり」みたいなのはもっと前の世代のやりかたでしょうし、うちは本屋なのでそういうわけにもいかない。ただ、常連さんが居心地を悪くしないような環境は保ちたいんですよね。インターネットで本を買えたりするような、イベントへの申し込みなどのサービスの面ではメジャーを目指すけれど、東京から有名な人を無理に呼ぶみたいな不自然なことはしないんです。やっぱり、関係のある人だけをイベントにはお呼びする。そういうところで無理があると、それもお客さんには伝わってしまうと思うんですよ。

昔、いまのように生活雑貨を売るコーナーができる前に、ギャラリーの企画でミナ・ペルホネンさんのバッグとかを売らせていただいたことがあったんです。ミナさんも当時はいまみたいに超有名というわけではなかったんですが、めちゃくちゃ売れまして。本を売ってるのが馬鹿らしくなるほどの利益も出た。でも、だからといってうちはアパレルではないわけやし、ミナ・ペルホネンさんやからよかったんですよね。売れたからといって常時ミナさんに引き続きとお願いにいくのもなにかちがう気がしますし。ほかのかたの名前で、自分たち以上に見せるのも無理してることになる、というか。

もうかるもうからないももちろん大事だけど、同時に美しくありたい。これはぼくだけじゃなくて、話をする、この（京都の）左京区の店主らにも共通しているかな、と思います。ぼくは、同じ本屋よりはそんな左京区のほかの業種のかたがたから学んでいるように感じますね。居酒屋も喫茶店も、それから本屋も、なくても人は生きていける商品を提供しているわけですよね。でも、なくてもいいものがかたわらにある生活は文化的で美しい。合理性だけをつきつめて考えたら、なくてもいいもの……がある世の中が理想的なわけだから、それを目指すなら、うちの店のことだけではやっぱりだめなんですよね。左京区という町に本屋があって、落ち着ける喫茶店があって、まともな居酒屋があるというのはぜんぶつながっている。そのうちのひとつの店だけにいくのが目的になってはいけない、という。

美しさに関して具体的にそれを実現するために心がけていることはなにか、ですか？……うーん、たとえば店に置く本の選択の段階で、情報を手に入れることのみを主にしているものは置かないようにしているというか。いちがいにビジネス書を排除するとかいうのではなく、どこかネットで調べたあとに「知ったら終わり」みたいなものはセレクトしないようにしている、くらいのことかもしれないですね。

純粋な情報をあつかっているものって、それが学習参考書で横書きのものとか、物理や数学の専門書とか、『地球の歩き方』シリーズとかいろいろ種類はちがっても、文字組みからしてかなり独自なんですよね。そういう本も当然必要なんだけど、うちの店では、入ってこないものになる。そういう方針がひとつあるだけでも、店の中に並んだ背表紙の感じは、なんの本でも置いてある状態とはちがって見えると思うんですね。まずそれがひとつ。

そういったことにプラスして、うちでは造本も含めて本ですよという選書をしているので、必然的に面出しが多くなる。面出しする基準って、やっぱりデザインがおもしろいものが優先されるので、並んでいる本それ自体が店の綺麗さにつながるのはあるのかもしれませんね。

＊

うちの店にギャラリーがあってそこで文具など本でないものを売っているのは、じつはとくに「そのほうが美しいから」とかいう理由だけでもないんです。大家さんが経営する洋服屋とか、以前は同じ敷地内にもいろんなテナントが入ってたんです。でも、どんどんつぶれていって、うちに「借りてくれないか」となった。では、その場をどう使ったらいいだろうと考えた時に、ギャラリーになったんです。うちには学生のお客さんが多い。だったら学生が興味を持つような展示をおこなって集客につなげようという発想です。本屋の横に文房具を置いているのは、そういうギャラリーで買えるミュージアムグッズのような感覚もあります。

ギャラリー以外では、生活雑貨とそれにまつわる本を集めた「生活館」というフロアも比較的新しく作りました。ギャラリーと同じような理由ではじめてはいるのですが、本以外のものが本よりも利益率がいいのでそれでやっていけるという側面もあります。それはたとえばヴィレッジヴァンガードさんのような複合型の書店さんを見ていてもわかりますよね。はじめは純粋な本屋さんだったけれど雑貨のほうが多くなっていったというのは利益率から考えればその理由もよくわかる。

ただ、そういう状況の中でもうちはバランスを本寄りに取るというか、必然性のあるものに限ることはしています。利益だけでいえば、なんでも置こうとなりますからね。カメラとか、一時は本にも関わるかなと思って置いていましたが、不自然だなと思えばやめる、というように。さっきいった生活館も、隣のケーキ屋さんが廃業されて、そこを「借りてくれ」といわれてはじまったところです。

ギャラリーは、はじめは近辺の美大生による展示、最近では東京の作家さんを含めたいろんなかたをお呼びしての展示になっていますね。それも自然に移り変わっていった。生活館の配置にしても、そもそもはじめた頃に『アルネ』や『クウネル』といった雑誌をはじめ、おもしろい生活系の本が出てきていた。でもそれらをまとめたコーナーもとくになかったみたいな中で、そういう衣食住に関わるものをうちなりになんとかしてみようというものだったんですよね。

アートブックもあれば、部屋のコーディネートについてのしゅっとした本もある。しかも、そうした本や雑誌は、ちゃんと売れてるんやから、まずは売れているところからスタートしたうえで、そこに売れるかどうかわからないけれどという海外の料理についての洋書や、サブカルのグルメ漫画や、食のエッセイなんかを混ぜることで恵文社らしさを出そうと考えていったわけです。だから、もちろんきっかけはそういう『アルネ』や『クウネル』がうちの店でよく売れているということではあるんですが、ひとつの価値観で統一するのではなく、簡単に消費されない複雑なものにしていくという方針なんですね。

ギャラリーは、ぼくがこの店で働きはじめる以前、二十年前ぐらいからあるスペース。生活雑貨のほうは七年ぐらい前にはじめたものです。当時も本は売れなくなったといわれていたけど、本がメインであるというブランドを守りながら、その世界観を崩さないように生活雑貨をあつかおう、と。

＊

ぼくがいまこういう仕事をしているのは、小さい頃からの夢があったとか、長期的なビジョンをもとにしてとかいうわけではないんです。いまの状況を考える、ということでやってきた。書店の業界について考えるようになったのも、恵文社に入ったあとから。店長になろうと思って入ったわけでもありません。経営についても、立場をいただいて「お店というのはどういうものだろうか」と考えた時に、まわりで個人店主のかたが営んでいるところでも、かっこいいところとそうでないところがあるなと思うようになっていった。具体的に、こうなりたいとかこう変わりたいとかいうのがあるわけではなくて、もうちょっとこう、いまあるものの中でなにかを考えていく、というか。

オーナーがいてのお店であって、自分がゼロから考えたのではいまのようなお店はできていなかった。取次と契約するのに何百万円もの保証金が要るから、この業界で独立するとなると、直接取引できるミニコミやリトルプレス、古書がメインとなってもしかたない面もあります。でもうちはそうではない。たまたまぼくは、取次と契約している恵文社という店に入って、新刊本があつかえて、その中でどういうバランスを取るのかという仕事ができています。だから、いまのところは独立するつもりもないんです。実際問題、独立は「できない」でしょうし。なにか、いまの状態ではないものにあこがれる前に、いま与えられた仕事をがんばらんと、と思うんです。京都のよさってなんなんだろうと考えるのも、京阪神エルマガジン社さんからいただいた仕事をきっかけに、「いま」を捉えようとしているんですね。原稿の依頼をいただいてはじめて、お店ってなんなんやろうという研究をはじめたんです。

それから、ぼくは商売が好きなんですよね。客商売で忙しくしていることは、あんまり忙しくていやだとは感じない。実家はそば屋をやっていて、親父は次男なので、のれん分けで仕事を続けてきた。小学生や中学生の頃から、大みそかになると、年越しそばで忙しくなったお店を手伝ってきたわけですね。バブルの時期でお客さんがたくさんくるのを、暗算でさっと値段を計算して接客していくのが好きだったんです。人がたくさんきたり、売り上げの数字を見たりするのは好きだった。昔はソフトのことばかり、なにを知っているかとか知的であるかどうかだとかにこだわっていたんですけど、店をやりはじめると営業の面で実家の経験も活きてきた。店のよさは、情報だけではなくて、「しつらえ」とか姿勢とかにもよるんだ、という方向に関心も出てきた。

この店で働きはじめた時には、スタッフはぜんぶで七人か八人ぐらいでしたかね。好き勝手やらせてもらえるんですよね。このへんの土地って、大学の町というのもあってどうもモラトリアムの期間がかなり長くてもそれを許すところがある。大学を出たまま、フリーでデザイン事務所をはじめながらアルバイトをしている、みたいな人がいたり、バンドをやっているというかたわらで、有名な喫茶店で働いているという人がいたりするのはごく普通なんです。そういうおもしろそうな人を外から引っぱってきて働いてもらうことが店を作っていったんだと思いますね。うちの店で勤めたあと、プロのライターになったり東京にいったりという人も何人もいた。その人たちの課外活動を店に持ちこんでもらう、それを許す度量のある店だな、と感じていましたね。

＊

検品して補充してとかいう本屋の基本的な業務は、もうパソコンもある時代だから午前中に終わる。それ以外が重要なんです。休みの日には人に会う。イベントにいく。映画を観にいく。テレビを観る。そんなことでも活かせる場のはずなんですよ、本屋って。映画の『ダークナイト』を観れば、あ、これは文化系の男の子に人気があるんやなと実感できる。それを観ずに本屋の中の世界だけで閉じて、雑誌の『映画秘宝』だけ読んでわかった気になっても、なんかちがうじゃないですか。そうやってなにかを見にいったりするのがつらい人には、けっこうノイローゼになるような仕事ではあるんですが、それをやり続けないことにはうちの店の状態を保ち続けられないんだよな、とは、だんだん思うようになっていきました。逆にいうと、そういうのがつらくもないからやり続けられているのかなと思うんですよね。

本屋さんについての本を読んでいると、業態のことだったり、店内に閉じる方向での仕事についてしか触れられていなくて、努力の矛先《ほこさき》がちがうのかな……とはちょいちょい思います。たくさん残業をすればおもしろい店ができるのか？　と。外にいかないと企画なんて出ないように思いますし。もちろん、ぼくも入った当初は、普通の本屋の仕事をしていたわけです。いまほど、仕事の量も多くはなかったです。入ってきた本を並べて、レジを打って、補充の手続きをして、という。いまならウェブの更新もあるし、そのための本の表紙の撮影なんてかなり丁寧にやりますからそれだけでもかなり時間がかかる。

でもそういうのもない当時、入りたてで時間がある中で、「ここの棚はまかせる」とかいってもらえたんですね。だから自分の場合には、根本敬さんのような雑誌『ガロ』（前出）関係の作家たちとか、その頃に持っていた少ない知識を活かしてものを集めて棚を作る。ほかのスタッフとはそこの競い合いをしていたというか。まあ実際はそんなことをしていても売れないんですが、その当時は、売り上げよりも好きな棚を作るということに夢中やった。オーナーはそれに文句をいう割には好きにやらせてくれるという状態だったんですね。

いま、うちがウェブを割とちゃんと更新しているのは、遠くから見てくれる人も多いし、直接的な会話がなくても、なにを求めてお店にこられるのかがわかるようになるからなんです。もともと、こっちが主張するというよりもなにを求められているかを考えるほうがぼくは得意だったんですね。ウェブで情報を発信する前から、すでにそういうことをやっていた。たとえば、うちのアルバイトをしていた子らと仲がよかった、トリコロールブックスという京都で自費出版社をやっていた子が、「これ、新しいのができた」と、活動をはじめたばかりのイラストレーター、１００％ＯＲＡＮＧＥさんの本を持ってきてくれたんですよね。その本の特集をギャラリーでやってみると反応がよくて、「こういうのが売れるんだな」とかいう手応えを感じたりしていたんですね。で、そういう「うちならでは」の発信に力を入れていた。

でも、ぼくが店長になる直前には、店はその逆の方向にいったんです。経営のテコ入れをしなければいけない、だから本屋の業界の人にきてもらうということになって、大きな書店出身のかたを外からスカウトしてきたんです。その時点でぼくも割と長く店にいたから、これまでの流れと、その新しい店長がされることを客観的に見ていたんですね。前の店で人文書を担当していたその店長は、それこそ横書きの実用書みたいなのとか哲学書をはじめとした専門書を集めて、平台で「ラカンがどうだ」みたいなのを展開される。うちのお客さんの求めているものとちゃうやん、と思うところがあった。ほかに熱心にされる仕事も、売り上げスリップをまとめたりとか細々《こまごま》したことばかりに時間がかけられていて……。ぼくも長く勤めていたから自分の考えが出てきて、そう反発を感じたのかもしれないんですが、正直なところ、「それ、ぜんぶ、うちの店では『やらんでも店はまわっていくこと』やないですか」と思ってしまった。

そういうのを見てたから、自分が店長になってからは普通のやりかたにこだわらないでおこうと思った。二〇〇〇年の前後だったと思うのですが、一方では１００％ＯＲＡＮＧ

Eさんの展示が東京の人なんかにも、すごいね、とめずらしがられていた。その一方ではいわゆるこの業界のルーティーンワークも重要だといわれる。考えた末に、お客さんが求めてもいない主張なんてやらずに、求められていることに応じていこうと思うようになったんです。その後、店長になったのは記録によると二〇〇二年のようですが、ずっと働いていたって感覚しか残っていないので自分ではいつからかは正確には覚えていませんね。前の店長やめたし、どうする、みたいにオーナーにいわれたような気がします。社会保険もつけるし、給料も変えるよみたいなちがいだけで。そうやってなった店長なので、とくになにが変わったというふうにはならなかったんですよね。

＊

店長になるまで、とくに待遇もよくならないまま働き続けていても焦ることがなかったのは、きっとこのへんの土地柄があるから平気でいられたんじゃないですかね。大学を出たら実家を出るというのはまわりのともだちなんかも割と多くそうしていた。ぼくもそうで、でも東京にいくわけでもなく土地勘のあるところに住むって人もけっこういたんですね。で、ぼくは一軒家でともだちふたりとの三人でシェアして暮らしだしたから、家賃は四万円ぐらい。その状態でバイトをしていたので、せっぱつまることがなかったんです。バイトなんだけどイベントを企画したりしていたので、忙しい気にはなっていた。フリーペーパーを作ってみたり、イベントの集客のためにオリジナルのミックステープを作って、そのジャケットもちゃんと作ってみたり、チラシを町でまいてみたりしていて……。必然的に、同じような活動をしている、町の先輩たちみたいな人にもよく会うんですが、まあ変わっている人がたくさんいたんですね。そういう年上の人らとばかり遊んでいたので、つまらん、金にならんことを楽しむ人をいっぱい見てきたから、焦りはしなかったんです。これはよくも悪くもなんですけどね。

で、自分が店長になるぐらいから、はじめに話した「情報を消費するだけではもういきづまりだ」みたいな流れに向き合うことになるというか、ほかの音楽をやってる人らとも、飲み屋で会う、自分の会社を経営されている人たちとも、だいたいそんな状況について会話をすることが多くなっていったんです。町の人と話す内容が変わるうちに、なにが売れた、誰がいいといっているから買ったとかいう世界からは離れて、ちょっとは本の文脈を勉強してそれを伝えることを考えるようになっていったというか。棚も、ただ並べるんじゃなくて文脈を作る。客観性を大事にする。かといって安易に理解されて消費されつくされて終わるのではつまらないから、さっきの話でいえば『クウネル』などを置くにしても、いままで積み重ねてきたコミックやアートブックなど別の文脈を交えて紹介する。

ぼくはポップで本を紹介するのがあまり好きではないのですが、それは本ってデザイナーのかたがたがそれぞれ作った美しさがあって、その美しさを壊したくないからなんですね。そのデザインされた表紙の文字組みだけでも、充分に情報量がある。うちの場合はたとえばどういうテーマの本だとかいうようにインデックスとは無縁の並べかたをしているので、その並びを見れば、内容は伝わるというか、そういう紹介を心がけているんです。

＊

簡単に消費されない本屋にするために気をつけているのは……ぱっと見ただけではわからないものを混ぜておく、ということですかね。世の中には、わからないものってあるじゃないですか。われわれよりも本に詳しいかたというのはいくらでもいらっしゃるでしょうけど、そういうかたが棚を見て、「たいしたことがないな」と思ったとしても、そのかたが詳しい範囲っていうのもある程度は限りがあると思うんですね。文学作品や哲学書をものすごく読みこんでいる人でも絵本作家やデザイン書まで理解しているとはかぎらない。ぼく自身も、たとえば幻想文学やシュールレアリスムの棚などはそれが得意な人にまかせるというかたちで、わからない部分を店に残しているんです。そのスタッフは銅版画家で週に二回しかこないんですけど、ひとりだけぼくより古くからのこの店のスタッフなんです。ぼくの知っている文脈だけでやっても、個人としてもっと知っている人がいれば「こんなもんか」と思うでしょうし、個人の持つ情報体系の限界を超えようとはしていますね。

スタッフについては、やっぱりバランスがいちばん大事なんじゃないでしょうか。店のありかたに共感してくれる人にいてほしいから、自己主張が強いタイプはやめていきますかね。知識はなくてもいいんだけど、恵文社というのが客観的に見てどういう場所なのかはわかっていってもらえたらな、とは思っています。チーフふたりぐらいには直接ミーティングでいつも伝えてはいますが、全員とそういう精神性を共有するというのはむずかしい。いくら面接したって、共感してもらえるスタッフかどうかはわからないんですよね。かつてはスタッフがそれぞれ持っているもので店の中を切り拓《ひら》いていきましたが、いまは個人の力よりも店のイメージにあわせて運営していますから、スタッフのありかたも変わってきています。いまはむしろ、イベントをしてくださる作家さんや編集者さんと話しあったり、外部のかたとの関わりによって店が助けられているという感じ、ですね。

店を運営していて助かるのはどういうスタッフか。思い浮かぶのは、うちの中では日本文学をやっている女性スタッフですね。うちには十年以上いて、大学の先生と結婚している人なんです。彼女はすごく本をたくさん読むんですが、それ以上にありがたいのは、いまの時代に対応したセンスも持っていることなんですね。たとえば『モーニング』のようなコミック雑誌も読んだりこのテレビドラマがおもろいとか、最近では映画評論家のポッドキャスティングも聴いているとか、興味の持ちかたが立体的に広がっている。

ほんとうは、本だけ読んでいればいいというんじゃなく、幅広い興味を持っている人が理想的やないですか。好きなお店がある。新しいお店にも食事しにいく。自分の仕事にじかに関わるわけではないサブカルチャーのことも追いかけている。世間についても新聞を読んで知っていたり、週刊誌も『週刊文春』ぐらいは読んでいるから芸能の話もできたりする。テレビも観て、関西の局が制作した番組とそれ以外との差に思いをめぐらしていたり……そういう好奇心を持って本だけに留まっていない人がよくて。

＊

ぼくがたまに取材を受けると、だいたいは「本という文化を守ること」についての話なんかをよく訊かれるのですが、じつはそんなことを考えて普段仕事をしているわけでもないんですよ。それよりもっと考えているのは、もうちょっとこの左京区がかっこいい町であってほしいというか、全国どこにでもある郊外と同じようになったら、つらいじゃないですか。買いものする店といえばショッピングモールしか選択肢がなくなるなんて状況はきつい。

でも、いまのところはまだ、モールだけではない選択肢がほかにも町にあるおかげで、恵文社のような店が続いてきているわけです。そういう意味では、うちの店だけでなく町全体で盛りあがっていくことのほうがはるかにぼくにとっては重要なんですね。似たような志を持った、この左京区にいるお店や作家さんたちとつながることが大事で、なにもことさらに外から著名なゲストを呼んで観光として成りたたせたいわけではない。

京都にはえげつないところもありまして、町屋レストランとかいう京都らしさを商売にしたものには、個人的には地元で飲み食いする時に「いきたいな」とはならないんですね。あんなん、いちばんかっこわるいですよ。同じお金を落とすんだったら、かっこいいあの店に……と、地元の人、住んでる人がいきたくなる場所を作っていく。そのことに対しては、使命感は持っていますね。

もちろん、本という媒体は重要だと思っているんですよ。とくに物語や小説の役割というのはすごい大事になっていくとは考えています。ただ、いま本を擁護《ようご》する人って「ありがたみがあるからいい」とか、ちょっと感傷的なもののいいが多いかな、とは思う。本はそもそも、ものとしてすぐれているのであって、逆によく比較される電子書籍は音声の付録をつけたりと差別化しないと本よりも、ものとして劣ったものだと感じています。だから、「本というものはなくなってはいけない」とか思うこともなくて、メディアの選択肢が増えたなと感じるだけです。

本の中味のよさについては……要約しても意味がない、結論とか結果が詰まっているものではないんですよね。自分の人生は、やっぱり自分の人生でしかない。たとえばフィクションなら自分の人生ではない架空の時間の流れにコミットできる、その行為の集積こそが読書なんでしょう。で、自分以外のものに関する想像力がついてもくる。得ようと思って読んでいるわけではないんですね。後天的なものではあるんですけど、簡単な自己規定をすることにてらいが出てくるというか、安易な物語に共感したくなくなる、はずかしくなるわけですよね。本って、だから、意味があるから読めという性格のものではない、だけど読んできた人は強いんじゃないかって思う。

＊

普段の仕事をするペースについて、ですか。だいたい週に五日働いて、二日は休みなんですが、その休みのうちの一日は仕事に絡めた用事を入れています。まぁ、朝の十時から夜の十時までの営業時間のあいだは店にいることも多くありますが、ただいるだけでも集中力ってなくなりますから、夕方の六時にあがることだってある。家が店のすぐ近くなので、六時にあがったあとは帰っていったんごはんを食べて、一服したあとにまた仕事ってなることもけっこうあります。大量のファクシミリとか資料とか、処理しなければならない書類は、たくさんありますから。

うちはあつかう本の写真や説明文を割と丁寧にウェブに載せているので、そのキャプションを夜に二時間ぐらいかけて書いていることもある。それでも、一回帰ったらもう仕事という感じはしないから気持ちは楽ですよね。終われば、飲んだりテレビを観たりＤＶＤ

を観たりすることになる。飲みにいくのは好きなので、休みの日も含めてけっこう計画を立てて人と会って話すようにしています。休みの日のうちでも土曜なんかはうちの店のイベントがあることが多いかな。イベントがなければ朝から大阪にいって映画を一本観たあとに古本屋さんに寄ったりします。古本屋は好きだし、すごく勉強になるのでよくいくんです。

天牛《てんぎゅう》書店さんなんてしょっちゅういってます。「恵文社の堀部さんですよね……」と顔を見てぱっと声かけてくれて、発送先とかちゃんと覚えてたりするのが、普通にアルバイトで入っているであろうお姉さんだったりするのもお店のすごさだな、と思いました。天牛書店さんってすごいですよ。店内はいつも綺麗だし、いついっても商品構成が変わっている。古本屋のよさって、自分が探そうとしているものに会いにいく場ではないところ、じゃないですか。その日にあるもの、たまたま入ってきたもの、で、店が成りたっている。それこそ、情報を検索する消費の場とはちがう、なんというか「へぇ、こういう本が、世の中にはあるんだ」と学べる世界だと思うんです。

いまは、少なくとも日本ではまったく忘れさられているけれどもこんなにかっこいい海外文学作品があったんだ、なんていくつかの古本屋さんをめぐるうちに発見があることはしょっちゅうです。で、古本屋をまわったあとにともだちに会うなんて感じの休日の過ごしかたをする。週二日の休みのうちのどちらかは、少なくとも朝はかならず店に出るようにしています。で、買った本を持ち帰って読んだり、そのうえでうちの店のブログを記したり、あとは調べたりという日にあてることになる。

つまり、休みといいながら仕事にも関わるかたちで遊んでいることになるんです。店や家の中でじっとしているだけではなにも入ってこないんだから、ぼくにとっては当たり前のことだけど、こういうのがつらい人にとってはノイローゼになりかねないだろうな、とは思います。もちろん、メールやファクシミリなどで、出版社さんなどからは「こんな新しいものが出ました」というお知らせは毎日くるんですが、そういう待っていてくるものよりは、不意に出会ったものを積極的にあつかっていけたらいいな、と思っていて。やっぱり、じかに会ったものって大事ですよ。それに、じっとしてるといまはこの映画がやばい、おもしろいみたいなことを、リアルタイムでわかる感性がさびついてくる。

ただ、情報の吸いこみもこちらからのウェブでの発信も、割と手間をかけているけど、「必死にやってようやくいまの店の経営が維持できている」というのが正直な感覚ではあるんです。ほっておいたらおそろしいことになるから、よっぽどやらないとなぁとは思っています。ウェブサイトってただ情報を更新するだけではだめなんです。見てると、大手の書店さんのウェブサイトでさえも、検索はできても本の表紙さえ画像で示してもいなければ、キャプションもないなんてサイトがかなりある。更新がたいへんだからなのでしょうけど、ぼく自身としては表紙だとか内容だとかがわからない本って買えないですから、うちではそれをぜんぶ見せる。ちょっとウェブで載せるだけとはいっても、スキャンして画像を調整するとけっこうな手間がかかる。忙しさを自慢するような言説はあまり好きではないからいいたくはないんですが、やっぱり仕事の量は多いんです。それでもがんばれば営業時間内でなんとかできるんだから、やっぱり忙しぶるよりも、工夫してやっていこうと思いますね。

*

社会人になって変わったことがなにかあるか、ですか。ぜんぜん関係ない話かもしれませんが、三十代になって、大阪のことが割と好きになりましたね。京都の人って大阪をきらいと思いがちですけど、よく知るとその実質的、実用的なよさが好きになっていったんですね。はじめの結婚をした時に一時的に大阪に住んでいたことがあったのですが、職場は京都で変わらないから朝早く起きて京阪の通勤電車に乗っていた。その移動を続けたり、大阪の人たちとしょっちゅう飲みにいったりするうちに、彼らの言葉でいう「値打ちこかない」、つまり、へんな付加価値をのせないことのよさが、前よりも実感できるようになっていったんですね。そんなに「むちゃくちゃ」にはおいしくなくていいんだという線でやっているお店のよさが、わかるようになっていった。

もちろん、すごくおいしいお店にだっていきたいんだけど、それは「ハレ」の日用にいけばいいわけです。最上級ではなくてもいいんだけど、普通の日に楽しめて、店のたたずまいがいい、というね。そういうのもあって、うちの店も不自然なことはせず、有名な人がくるからとか値打ちこかないイベント運営を心がけてはいます。お客さんに対しても、どの人にも分けへだてない対応をすることでお店の中の雰囲気を守る。特別あつかいをしてもらいたがるかたがたまにいらしたとしても、どんな立場であれ、特別あつかいはしませんよ、と口には出さないまでも公平な態度を保つ。

それって個人経営の飲食店ならどこでもやっていることですよね。一冊ずつを紹介するウェブの作りかたにしても、スタッフの知識やセンスに頼っている部分も大きいから、運営的には、非効率ともされがちだけれども、業種にかかわらず個人の能力を活かすこと自体、より広い範囲で店というものを見れば、なにも特別なものでも、ましてや「直すべきもの」でもないように思っています。

＊

一冊売ってもあがりが二割という構造をおかしいと思うかどうかですか？　まず、そのような構造があるのは取次という流通業者が存在しているからで、しかし取次があるからこそ、何百、何千とある出版社の新刊本を一冊単位で注文し、棚を作ることができるわけです。すべての取引が直接になったら、手間がかかりすぎてやっていけなくなる。だから、取次を通すやりとりも、それ以外の直取引も、いまは、うちにとっては両方必要なんです。取次がなくていい、とかじゃなくて、たとえば大手の取次だけでなく、もっと小さい取次が増えてもいいんじゃないかというようにやわらかく捉えていけたらいいなと考えていて。

で、同時に直接のやりとりも利率を考えるとありがたい、という。取次を通した時のように返品を前提にはできないけれども、たとえばうちの店とつきあいのある出版社さんでいえば、「ミルブックス」さんなんて買い取りだと本の定価の六がけでおろしてくれる。

うちは、そこから買ったもので返品なんてしたことないですよ。それでイベントなんてやれば、二百冊も三百冊も売れて六がけだから、もうけはかなりちがってくるんですね。百冊売ったら、ほかの普通の本を二百冊売ったのと同じようなものですから。そこにはチャンスがあるし、取次としか契約していないほかの本屋さんにとっても改善の余地になりうるだろうと思っています。だからといって、直取引中心のお店ばかりになっても多様性がなくなる。

ぼくはいまのところは独立してお店をやろうなんてまったく考えていないんですが、そのことひとつとっても、オーナーがいる書店のチェーン店のうちのひとつの場をまかされていることのアドバンテージを享受《きようじゆ》しているからです。取次と契約するお金って何百万円と必要だから、個人で小さなお店をという時にそれだけのお金をかけられないでしょう。この世界の新規参入のしにくさにはそういう理由があるわけです。だから、与えられた立場で、工夫できるところに力を入れていこう、と。

＊

店の宣伝としての、ウェブの活用のしかたについては……ソーシャルネットワークも含めて、メディアの状況の変化にはある程度つきあっていこう、と考えています。本屋さんは一般的に新しいメディアへの対応がおそい印象がありますが、ほかの小売業などはみんなやっているのだから、これは好ききらいではなく当たり前にやるべきことなんじゃないのかな。うちは本屋の中ではウェブやツイッターに対して積極的に見えるのかもしれないんですが、好ききらいでなく客観的に接して、お店のフライヤーを配るように、続けられるツールを選んで活用していくわけです。

だから、新しいメディアが出てきたら、まず個人で試しにアカウントを作ってみて、ちょっと使ってみてよさそうなら店用のアカウントを作って個人のほうは消す。個人的にはウェブとは積極的につきあわず、なにかを発信するにしてもお店というフィルターを通して、にしているんですね。「恵文社一乗寺店」という以上の人格は、あまり入れないようにする。うちではウェブもツイッターもブログもやっているけどフェイスブックはあえてやらないというように、店の人格に沿ったものを活用しているんですね。

うちは本に詳しくキャプションをつけてウェブやツイッターで発信しますから、中にはうちの情報で知ったものをアマゾンなどで買う、そのほうが安いなんて人もいるのだろうけど、お店の宣伝メディアとしての役割を担ってもらっているので、それでもしかたがない。店舗が管理するツイッターというのは、通販のために更新した内容を無機的に流すというようにもなりがちだけど、見ているとどうも有機的なものにしか反応は薄いようですから、くだけた口調で伝えるようにしています。返信はしないし、こちらからフォローする数はゼロというように、用途ははっきりさせていますね。コミュニケーションツールとしてではなくて、マーケティングをしながらの情報発信の場のひとつ、と決めているわけです。

ツイッター上の反応としていちばん多いのは、なにか本に関するこちらのツイートに対しての、「買います」とか「欲しい」とか「買わなきゃ」とかいうものですが、なんというか、こちらの実感としては、ほんとうに買う人はそういうふうに記さないで黙って買われるような気がします。でも、それもひとつのありがたい広告ではあります。

ツイッターでの情報発信では、まず、ぼくが個人としてこれが好きである、というような主観は記さないと決めています。そして、できればエクスクルーシブな情報、つまり、よそがあんまり採りあげないような話を伝えるようにしています。商品としておもしろい本や、あとは左京区にあるという店の立地を活かして、こんな喫茶店ができました、などと町の情報を伝える。もちろん、かたよりがないようにバランスを考えて発信しています。たとえばポール・オースターの『ブルックリン・フォリーズ』のように、たまたまぼくが読んでいる作家の本をツイートすることもあるけれど、それも当時ブルックリンという場所に特化したフェアをうちでやっていたからだったりします。

*

ウェブにしてもツイッターにしても、それを使ってうちのすべてを伝えられるとは、まったく思っていません。実感でいうなら、うちの店が持つ多面的な情報の中でも、たとえばツイッターで伝わるのはやっぱり「ツイッターっぽい話」なんです。梶井基次郎《かじいもとじろう》の『檸檬《れもん》』へのオマージュのように、うちの店では、本棚にレモンを置くといういたずらがたまに起きるんですね。だからその写真を撮って「置かれていました」と伝えるとかなりのリツイートがあったりする。

あるいは、絵本の中でおじいさんがパイプをくわえているからということで嫌煙家の団体からクレームがついて一般の書店からは回収騒ぎになった絵本がありました。当店としては問題があるとは思えないので出版社にもそう伝えてうちではあつかうことにします、とツイートすると「すばらしい」といった声が集まる。どちらも、一行情報や意志表明のようなツイッターで伝わりやすい特色を持っているテキストにすぎないのであって、たくさん拡散したからどうというわけでもない。じつは中味ではなくパッケージこそがなにが伝わるかを決めているのでしょう。

ツイッターだけではなく本だってそうで、本の中では、ものごとがウェブで見る情報よりも、少しだけ質がちがって読める。マクルーハンの言葉「メディアはメッセージである」じゃないですが、メディアによって伝わりやすい内容や、伝わりかたそのものも変わるんです。書籍化されることで情報は「見る、摂取する、消費する」のみならず、「体験を通して、血肉となっていく」ものに変化するという。だから本って文章だけでなく、パッケージとしてどう伝えるか、そのコンセプトがあってはじめて説得力を持つものになるのだろうな、と思います。これは、本屋としての経験でそう思ったというよりは、自分が著者になって本を書くという機会があってその工程を通して感じたことなのですが。著者さんの気持ちもわかる本屋になれたという意味では、本を書いてみてよかったなとは思っています。自分は著者としての資質より、どんなデザインで伝えるかが気になる編集者気質が強いんだなともわかったので。

4章

私は広島のことが大好きで思い入れも強く、
町の本屋を守ることには特別な使命感も持っていますが、
でも、ちょっと……あのですね、こういう切実な気持ちを
口に出して人に話すのって、たぶん、
いまがはじめてなんじゃないかと思うんですよね。

藤森真琴さん／取材時は廣文館金座街本店に勤務

ふじもり・まこと／一九七二年、島根県生まれ。

取材させていただいたのは、二〇一三年の一月十三日だった。

＊

子どもの頃から本好き、というわけでもなかったんですよ。ぜんぜん本がない、読むものといったら新聞しかない家に生まれ育ったんです。週刊誌の一冊もないような。よくいえばさっぱりした家だったんですが。本をいいなと思う感覚自体は、小さい時から持っていたとは思うんですけど、あんまりこう、つぎつぎにねだって買ってもらう、ということもなかった。中学の頃は運動部のほうをがんばっていたんですけど、それを引退したあとから急激に内向的な世界に入りこんでいきました。

それまでは、割となにも考えていないようなタイプの子どもだったんですけど、その頃から、ちょっと国語の教科書に載っている近代文学の一部を読んだだけでも激しく反応するようになってしまって。急激になったものですから、ちょっと中毒症状に近い感じだったのだと思います。なにか、文学の毒にあてられたようになってしまった。それで入っていったので、本とのつきあいも「仲良くやってきた」とはあまりいえないんですね。読みかたにしても、いまの私の読みかたとはまったくちがう。本の内容とか主人公の気持ちとかに一体化してしまうぐらいの強烈な影響を受けていたので、いまああいうふうに読めといわれてもできないぐらいの読みかたをしていたんですね。まあ、いまあんなふうになっても困るんですが……。

そういう読みかたで本に接していると、日常生活に支障をきたしますから。いまいった「毒」というのも、割と教科書に載っていた作品によって触れはじめたものなので、はじめはそんなに危険なものとは思ってなかったんです。当時の省庁の名前でいえば文部省が公認した毒、みたいなものですからね。いや、でもあれはあぶないと思います。「いいもの」としてポンと載っていますけれど。

最初に、もう立てなくなるぐらいの衝撃を受けたのは、梶井基次郎《かじいもとじろう》の『檸檬《れもん》』でした。あれの最後で、レモンが爆発するところで、もう自分が爆破されたぐらいの……ははは、いまでは笑い話としていえますが、当時は真剣そのものでしたからね。あの本はかっこよかったです。あとは川端康成の「バッタと鈴虫」をはじめとする短編がたくさん入った『掌《てのひら》の小説』とか。これもまた、魅力的すぎてすごくあぶなかった。

私、じつはこういった作品の中毒になって、留年しているんです。高校の時なんですけど。まわりから見たら、別に普通の学生生活を送っていたのだろうとは思うんです。ともだちもいましたし。落ちこぼれてもいなかったと思いますし。留年はやっぱりあれのせいだと思います。毒にあてられて、本の中の世界に入って、あまりに一体化が強すぎて、ちょっとこう、ほんとに、そのまま進級の時期になってしまったのですが出席日数が足りなくなってしまって。学校にいかなくなっちゃったから高校一年の時に一年留年したんです。その頃は倉敷にいて、学校には普通に通っていたんですが。

私は島根県の隠岐島《おきのしま》というところで生まれたんですけど育ったのは岡山県の倉敷市で、ほんとに普通に小中高と進んだんですけどね。でも、高校一年の頃には「動けない」となってしまった。留年したら、もう学校をやめちゃいたいなとも思ったんですが、中卒でそのあとどうするんだ、さすがに身動きが取れないだろうと考えました。まわりを悲しませているのはもうわかっていたから、なんとか同じ高校に戻って、そのあとは普通に通い続けました。

＊

そのぐらい一体化するこわさを体験したので、私、いまは本をおすすめする立場になってはいますが、本、楽しいよといいながらも、あまりにも魅力的な毒ともなりうるあぶないものとは思って本には接しているんです。……私が高校一年の時に学校にいかずになにをしていたか、ですか？　こもるほうに向かいましたね。荒れるということもなかった。まわりも「見た目は普通なのに」という感じで、話してもとくに悩んでいるということもなく、変わったところもないと捉えていたと思います。でも、「今日、ちょっと調子悪いから休むわ」という。休んでいるあいだも部屋にいるのですが創作とかそういうほうに向かうこともなく、ただ本を読んで過ごすという感じなので、まあよくはないんですよね。

そうそう、独房の中で本だけ読んでいたみたいなのに、近いです。自分の当時の感覚としては。ひさしぶりに学校にいく時には、学校まで歩くだけの体力さえなくなっていた。もともとはバレー部で、バレーボールは大好きだしすごくよく動くほうだったのに、いつのまにか、学校にいくだけでへとへとになるほど体力が落ちていた。いま思えば急性の中毒みたいなものだったからだと思いますが、適当に外の空気にも触れることで解毒《げどく》作用があったというか、だんだん本もうまく……入りこみかたは強いけれども立てなくなるほどではない読みかたができるようになっていきました。

カフカの『変身』なんて読んでも、高校一年生の時代にはやっぱり自分も朝に目が覚めたら毒虫になっていたという、主人公の虫そのものに変身しちゃっていたんですね、心の中では。それで虫としていろんなものをぶつけられながら死んでいく。そこでページを閉じる。その次の朝って、やっぱりそのまま毒虫になったままの状態だから、とても学校にはいけないという。いろいろ読むという感じではなく、新しい本をこまめに買いにいくこともなく、こまめにということでいうなら『檸檬』などの好きな限られたものを何回でも読み直すという感じですね。ひとつ気に入ったら、百回でも二百回でも読むのでますますあぶなくなっていったという……。

でも、そうして一回ぐっと潜《もぐ》ってあがってきた体験のあとには、普通に本を読めるようになった。でもあの時の「ほんとうにひとりぼっちだったな」という感触はよく覚えていますから、本を売りながらもどこかのところでは、「気をつけてくださいね」みたいには思うんですよね……。

＊

その後、学生時代にはかけもちでいろんなアルバイトをしていました。中古のレコード屋さんだとか、公文《くもん》式の教室の採点役だとか。公文で子どもたちと過ごすのは楽しかったな、と思います。それも、いま考えてみればすごく優秀な子どもたちじゃなくてそこらへんの子たちっていう近所の感じが好きだったんでしょうね。内側へと内没していくタイプだったとはいえみんなとわいわいやるのも好きだったので、進路として子どもと接する職業を考えた時もありました。でもまあ、結局はいま勤めている書店にすんなり入りました。

いま、この会社に入社してくる新人たちだと三次面接ぐらいあってなかなかたいへんなようですけど、私が入った時はいまの社長からの気楽な面接を受けただけで、まあさらっとしたもんでした。「いつからこられる?」という感じで、ほんとにこれでいいのかなと思うほど、すんなり決まりました。正直にいうと、軽い気持ちで入社したんですよね。書店員という仕事に前から興味を持っていて、とか、この道しかないとか、そんなことは思いもしていなかった。私は、社会に出てちゃんと働くとかいうこと自体、「……できるのかな?」という感じでしたし。大学を卒業してもなにもしないというわけにもいかないんだけど、私にはできることもとくにないし、と思った時に、まあアルバイトである程度本屋の経験もあって、本屋の仕事というのは外からも見えていて、だいたいどんな仕事なのか、想像もついたので入りやすかったんです。志とかはぜんぜんなく、ほんとになんとなく廣文館に入社したわけです。

学生時代にアルバイトしていた書店は、パルコブックセンターでした。その後、パルコブックセンターはいったんリブロに変わりましたが、リブロともまたちがう文化がありましたね。洋書専門のコーナーが充実したりしていて、いま思えば「よくやっていましたね」となるほど、特殊な書店でした。週刊誌なんかはいっさい置きませんでしたし、『スタジオボイス』という雑誌を二百冊ぐらい積んで、それが飛ぶように売れていて。ベストセラーであがってくるようなものも売れるんですが、文芸書で売れるものとなると澁澤龍《しぶさわたつ》彦《ひこ》とか寺山修司とか、ちょっとアングラな雰囲気の本でした。

最初に勤めた店だったので、その頃には特殊とも思っていなかったんですが。店があったのは、広島の中心地の、パルコの中でしたね。高校を卒業したあと、大学入学にともなって広島に住むようになったんです。楽しかったんですよ。ただそのアルバイトの経験があったからこそ、私がいまの店により愛着を持つようになっている、ということはあると思うんですよ。

＊

ああいうおしゃれなお店が好きなかたもいらっしゃるとは思うんですが、それに私も個人的にはああいうお店に置いてある本が好きなんですけど、自分が働くお店としては、いまのところのほうが好きなんですね。当時のパルコブックセンターは、店側がお客さんを限定するような品揃えで、ある程度間口をせまくしてターゲットをしぼっていたと思うんですけど、私はもう、自分が勤めるなら、どんなかたもきていただける店がいいし、雰囲気としてもしょうもない本も含めて雑多なものがあるというのが自分は好きなんだなと比較によって自覚できたので、アルバイトした経験があってよかったな、という。

働いている当時は、お店に置いてある本が好きで、パルコブックセンターも大好きだったんですけど、いまはより、うちの店の持ち味がわかって、今後どういう方向に進んでいくかも明確にさせてくれた経験になっているわけです。私たちは、とがった選書をしたり、気のきいたものを置いたりというのをやろうとしてもできないというのもありますが、目指しているところにしてもそうではない。

広島の町にある廣文館という本屋の特色について、ですか？　うちの会社は、まず、広島で長くやっているというのがありますよね。立地がおもしろいというのがある。私がいま勤めている金座街本店というのは広島の中心地で、さっきいったパルコさんの隣にあるんですけど、最初に勤めた本通《ほんどおり》店をはじめ七店舗ぐらいで働いた中でもとくに、いまのお店には「広島にある」ということの特色がはっきり出る立地だなというのはつくづく思いますね。路面店で小さい店ですから、入口からカウンターにさっといらしたかたからよく道を訊かれることなんかもあるんですね。

本の好きなかたが本を買いにこられるというだけではなく、いろんなかたがいろんな目的でいらっしゃる店なんです。外国人のかたもいらっしゃる。古くからの商店街ですから、当然、地元のかたも多くいらっしゃる。道をはさんだ向こうは歓楽街ですから、おねえのお客さまとか、またいろんなかたがいらっしゃるんです。そこがすごくおもしろいんですよね。それを活かそうともしています。

＊

いまの店でそのように考えるに至るまでの、入社してからの私の仕事の推移を話しますと……まず、はじめに入社してからしばらくというのは、本が好きだから書店員としてちゃんと仕事ができるだとかいったことはほとんど関係がなかったですよね。もう、体を慣らすまでがけっこうたいへんで。そんなに体が強いほうでもないですし。体が店になじんでほんとうに慣れるまでは一年でも無理で、数年はかかりました。ちょっと体がついていかないからやめたいなと思ったのが最初のレベルで、まあものを持つ物量が多いですよね。

朝、新入社員だったのでまずは新刊の検品をする係なんですけど、十五箱とか二十箱とかのケースを、三十分ほどの時間で開けて、検品して各ジャンルにふりわける。じつはその三十分で一日の体力のほとんどを使い果たしてしまっていたんですよね……。それから、これはいまでも業界の問題点でもあるのですが、返品が多いので、出してはさげて返品をというそこの作業量の多さが、あれって精神的にもしんどいわけです。出す時には、まだ「こんなのが出たんだ」と、一瞬ではあってもよろこびがあるんですけどね。新入社員の時はそういう作業で単純にへとへとになってしまって、「もたないな」と思ったんですね。

はじめはコミックの担当だったので、その物量の多さには戸惑いました。袋詰めして、袋からはずして返品して。入社した時はちょうどすぐ教科書販売の時期にもなったので、そちらの作業も含めて、こんなにきつい仕事なんだ……と思ったんですね。入って半年ぐらいで「もうやめたい」となった。本が好きとか関係なく。

ただ、その頃に業界誌を見ていたら、どこの書店のかたが書かれたのか覚えていないですけど、町の小さな書店で働いていらっしゃる、たぶん六十歳を超えていらっしゃるぐらいの女性が出ていたんですよね。それで、書店員の仕事というのは地をはうような仕事だというのをさらっと書いていらっしゃった。それを見かけて、あ、ほんとにそうだな、もう「そういうものなんだ」と思ったんです。

私がついていけるとかいけないとかは関係なくて、地をはって当たり前で、そうしたとしてもお店がもうかるかというとそうでもない、地味な仕事なんだよな、と。自分が本が好きだからお客さまに本をご紹介してよろこんでもらってというような、そんなことばかりを最初は夢見て入ったんですけど、そこに辿り着くのはまだまだで……入ってすぐ、そういう紹介やフェアを手がけたりできる状態ではなかったという。いま思えば、なにがそんなにと思うぐらいなんですけど、慣れてなかったし要領も悪かったので疲れ果てていたんでしょうね。

二年目になると、ちょっと余裕ができて、自分のジャンルの中で好きなものを、ポップをつけてお客さまにご紹介して、とかいうこともちょっとずつできるようになってからは気持ちも少しは楽になりました。その後の新入社員を見ていますと、みんながみんなそんなにたいへんそうにしているわけでもないようですから、やっぱりあれは、地道な積み重ねに慣れるまでの私の要領が悪かったのでしょう。

＊

向いていないな、しんどいからやめたいなと思って、それでも続けてきたというのは、どういうプロセスだったのかというと、なにかよくいわれるように、自分がすごく思い入れのある本を、ポップをつけて売って、お客さまからの共感が得られたからよろこびになって……というようなものではなかったんですよね、少なくとも私の場合には。そのような体験もあるのだろうな、とわからないではないんですけどね。それよりは、体がだいぶ慣れてきて、まわりが見えるようになってきてからは、自分がそれまで好きだと思っていたものだけが本ではないということがよくわかっていったこと、それが大きかったんです。

私が担当したのは、最初はコミック、次は学習参考書で……と、それまであまり関心がなかったものだったんですね。語学の本なんて、それまではほとんど縁もなかった。でも、そういうものを必要としていらっしゃるお客さまがいる。はじめは、どれも同じように見えてしまっていたのですが。それでもやっぱり、ちがいがあって、そこの本に注ぎこんだエネルギーの差なのかなんなのかがにじみ出ていて、それがだんだんとロングセラーにつながっていって……。

とくに、語学や学習参考書の世界はロングセラーで成りたっているのですが、以前から定評のあるとされるこの本と、隣のあの本とは、はじめに見た時にはどっちを買っても同じようだったのが「そうではない」と感じられるようになったりするのがおもしろかったんですよね。自分がいままではあまり知らなかった分野の本の雰囲気がわかるようになっていく。かもし出している空気感みたいなもので、「これは、いい本だ」とわかる瞬間があって、いわゆる比較的にはマイナーなジャンルの担当だっただけに、ここでロングセラーになるには、そうなるだけの理由があると思うようになると、入ってきた、まだ市場に評価をされていない新刊であっても「あ、なにかこの本とは目があうな」「これ、たぶんいい本だ」とわかる時も出てきたんです。

これはものすごく丁寧に作られている本だから長生きしそうだな、と。ちょこっとずつわかっていったのは、その本に対して自分が好きとか嫌いとか、自分の関心があるかどうかとかいう次元ではないところで、本として魅力的なものってあるなぁということでした。それに気づいたあたりから、仕事が急激におもしろくなっていったような印象があります。

＊

もちろん、とんちんかんな判断をしてしまうこともあったんですよ。それでも、自分がそれまで本が好きと思いこんでいたその「好き」とはちがう「好き」の道がひらけた。やっぱりこのジャンルでは旺文社の『英文標準問題精講』でなければだめなんだな、そこには理由があるんだな、ただ単に新刊点数が少ないからだとかいう理由だけではない本質的な「よさ」というのが生き残る本にはあるんだとはわかってきたんです。その「よさ」って、どういっていいのかはよくわからないんですけど、タイトルの語感、装丁の雰囲気、手にさわった感じなどもすべて一緒になって伝わってくるんですね。

問題集の場合は、昔のものなんだけど新しく追加で本がきて、同じ本棚に何度となく差しにいくんですよね、よく売れるから。その時の手ざわりがしっくりくるというか。わからない分野であるほどデザインの力に左右されてこちらは判断しているのでしょうけど、なにか心がこもっている気がするという。

それから、お客さまがすすめてくださる本から、「本の力って大きいんだな」とも教えていただけるところがあります。私、これまで書店員をしてきた中では、自分がすすめた本よりもお客さまに教えていただいたもののほうがかなり多いように思うんですよね。みなさん、教えてくださるんですよね。このあいだも、もう六十歳代ぐらいの顔なじみのお客さまから、小野不由美さんの『十二国記』シリーズをおすすめされたんですが、ちゃんと読みかたまで教えていただいたんです。最初のここの場面はつらいから、すらっと流しんさい、とか……。ここから真剣に読みんさい、はい、わかりましたみたいなやりとりの中で、ほかのかたがどう本を楽しんでいるのかが、そこでもやっぱり自分の「好きだから」というせまい範囲の外側から伝わってくるんです。そうなると、高校生の時のような中毒になるタイプの読書ではない、広く楽しくという部分の読書の時間も持つことができるようになってよかったな、と。

学参のコーナーのあとは児童書の担当になったんですが、だから割とマイナーなジャンルを渡り歩いたことにはなりますね。個人的にはいちばん好きな分野は文芸書なんですが、文芸書の担当になることはなかなかありませんでしたね。でも、それでよかったと思うんです。不思議なもので、毎日補充していると、その本のことが好きになって、つい学参を買って問題を解いてみたりしていて。「私、あんなに学校が嫌いだったのに、なにをしているんだろう……」と。もしも自分が大学受験をするなら、まずこの本で学校の傾向を調べて、次はこれで基礎がためをして、夏休みには英語の長文の勉強をして……とプログラムを仮に組んでみたぐらいです。こんな前向きではなかったんですけどね。それで、機械類にはぜんぜん興味がなかったのに、ゲーム攻略本の担当をしていた時にはプレイステーションを買って、おかげですぐに好きになれましたけどね。あれもよかった。

＊

児童書のあとには比較的小さな店に移ったので、割とどのジャンルもまんべんなく見るようにはなりました。そのへんから、ひとつポイントとして自分に必要だなと思ったのが、接客ですね。これは、すごく奥が深い。それで大事な仕事なんだなと気づいたんですよね。本が好きだからお客さまにおすすめをする、それでつながるとかいうことではなくて、やっぱり人と人が接する時の心の持ちかたというのを追求しなければ、と。書店員としてどうのこうのという前に、もっと接客の部分を大切にしなければと思うようになったんです。この仕事の中で、もしかしたらいちばん大事なのがこの接客なのではないか、と私は考えています。

いまでも、私はアルバイトさんの面接をする時にはそこを見ます。ほぼ一〇〇パーセントのかたが「本が好きだから」といいますし、それは本屋で働く以上は大事な要素のひとつではあるのでしょうが、それよりは、人と接することが好きだとか、お客さんがよろこんでくださるのが好きだとか、そういう人のほうがいいですね。いまはほんとうにそう思います。アルバイトにきてくださるかたには、まず人に丁寧にしていただきたい。いまの時代、とくにネット書店などの別のサービスとの対比で、店に人がいて、手から手に渡すということの意味が重要になってきている。いままでは当たり前でしたけれど、いまは人を介さずに情報を入手できる時ですので、接客している私たちこそが、人としてお客さまと向き合って渡しているんだということに関しては、もう極端にいえば渡す本がなんであったとしてもいいんじゃないかっていうぐらい、きていただいて感じよく接するのが大事なのでは、と……。

なにも、たいそうな接客をしなさいとかではなくて、ものすごい役に立つとかじゃなくていいからちょっとした親切さとか、案外、そうしたことで救われる、少なくともほっとする人はきっといるだろうなと考えているんです。店員さんに、すごくにっこりあいさつしてもらっただとかいうことで、その日一日とはいかないまでも、ちょっとのあいだは気持ちがよくなる人は、きっといるでしょう。本屋にくる人は、みなさんがうきうき楽しい気分でこられるわけではなくて、私が高校の時にどんよりしながら本を切実に欲していたように、暗い気持ちを抱えておられるかたもいらっしゃると思うんです。

本屋は、病気の本だってあつかっていますからね。とてもつらい気持ちで店にこられるかただっていらっしゃる。そういうかたがたは心もデリケートになっておられると思うので、私たちのちょっとした雑な言葉とかしぐさとか、表情なんかでも、ひょっとしたら、傷つかれているようなこともあるんじゃないか。自分では普通にしていたつもりだったけれど、これまではもしかしたら、気づかないところで雑な部分もあったんじゃないかな、と、これは小さな店にいって、より人と直接お話をする機会が増えて、そう感じるようになったんです。

やっぱり、ひとりひとりのかたの背景には、こちらからははかりしれないほどいろいろなものがある。本屋には、あらゆるかたがこられるのですから。そのかたがたに、気持ちがいいとまで思っていただければそれはすばらしいけど、そうではなくても、少なくとも自分のちょっとした言葉やしぐさで傷つけることがないようにとは考えるようになりました。改善に関しては、割とかたちから入っていったんですけどね。接客用語の練習とか、鏡を見て発声をする練習とか。まずは、かたちからがんばってみよう、と。

人と人とが接する。私は、今後も本屋として店を構えて商売する以上は、どういう品揃えをするという以前の、ちゃんと人と接することができるというところがポイントになっていくと考えています。品揃えもまあもちろん大事ですけど、いろいろとお客さまから教えていただくこともあるし、出版社のかたも協力してくださるし、それで揃えていけばいい。ただ、いろいろなお気持ちでこられるお客さまに対して、本という森羅万象《しんらばんしょう》をあつかっているものを渡すのにふさわしくあることに関しては、誰かが手伝ってくれるわけではないですからね。

お客さまのさまざまなお気持ちに対応するには、人としての幅も必要でしょうし、お客さまの声を受けとめるというところをおろそかにはしたくない、というか。ただ、こうして私がいっている「接客を大切にしたい」という気持ちって、意外になかなかスタッフには伝わりにくいというのが正直な実感ですね。

＊

私がいまの店でマネージャーとしてスタッフを見ていて感じるのは、多くの人がまず作業に追われてしまっているということです。たしかに作業はたいへんですし、接客というのは、目に見えて売り上げに直結しているかどうかわからないし、数字などでぱっとその水準を評価できるものでもない。たとえば、会社からの評価にしても、そこはまああまり加味されていないようですから動機につながりにくいところはあって、このへんは課題ですね。

もともとは、私自身が人と接するのがあまり得意ではなく、ひっこみじあんだったので接客することはむずかしかったんです。でも、親切にすればお客さまにはよろこんでもらえて、こちらが割とそういう気持ちでいれば、すぐに手応えを感じられたのも接客だったんですね。そういうこともあって、私は接客を大事にしているんです。言葉がつたなくても、気持ちがあるだけの時でも、わかってくださるようでした。

問い合わせなんかにしても、私に声をかけてもらえるように変化していきましたし、それに、だんだんわかるようになっていったのは、同じ私が店にいても、日によって、私の心の状態によって、お客さまからの声のかかりぐあいもちがうようだな、ということです。いまでもそうです。ちょっとしんどいな、と思っていると、もちろんクレームなんかにはなりませんが、声のかかりかたが変わってしまう。ということは……と考えました。どこまで親切にしたいと思えるかが、まずは大事だ、と。

ただ、その一方では、やっぱりお客さまと従業員としてどこかで線は引いておかないといけないのだなという体験もしました。書店では取りあつかえない本をどう入手するかの相談があったうえで「わしゃ、できんからやってぇな、注文してぇな」と頼まれたことなんかは、会社の業務外なので社員はやってはいけなかったりもするんですね。そのへんは、悩みますね。ボランティアでも福祉施設でもないので、どこまでもとはいかない。親切にしたいと心から思うほど、このあたりがむずかしい。

接客を通して、教えていただけることも増えていくようにも思います。はっきりいわれるかたもいるんです。「この本のキモはこうだから、こう売りんさい」と、ばーっといわれる。それをほんとにやるぐらいでもいいように思うんですね。教わったり親切にしたりという直接のやりとりが増えていく。接客することで店の雰囲気がよくなっていく。そんな中で、地域の中でただ本を売るというだけではない、それ以外の役割も見えてくるのではないでしょうか。広島で、もうすぐ創業して百年を迎える本屋であって、商店街の中でもうちががんばって盛りあげていかなければならない面はあると思います。

本という商品の特性上、いろいろな年齢、職業のかたがお店にはこられます。ふところが深いものをあつかっているので、たとえばほかの宝石屋さんや手芸屋さんといったお店に比べたら、いろんなタイプのかたがいらっしゃる。そこに目をつけられた市役所のかたによって、いま、私たちの店は市の観光パンフレットの設置場所のひとつにもなっていますし、私たち店員向けにも、「最低限、ここだけは押さえておいてくださいね」という観光案内のマニュアルをいただいています。それを見て勉強すると、意外と知らないものだなぁとも思いました。だから、そうやって広島のご案内をひと通りできるようになって、もしも観光客のかたに訊かれたら答えられるようにしておくのも、うちの店の派生的な役割のひとつです。広島でおこなわれる美術展があれば、ポスターを貼るだけではなくてそれに関連する本も展開する。映画館も近くにありますから、それに類する活動はいろいろできるわけです。本屋以外の施設のかたがたとも、より連絡を取りあって、みんなで地域としてこの広島を盛りあげていく。

＊

会社としても、いま、スタッフをどう教育するかは大きなポイントになっていますが、私ももう店長になってしまいましたので、今後はその「人を育てる」というところがいちばん頭を悩ませるものになっていきそうですね。もっと、お客さまとやりとりをちゃんとできるスタッフが欲しいんです。選書できるスタッフというよりかは、ですね。お客さま以外とでも、地域のかたがたと話ができて、あ、こういう本が必要とされているのだなというのを引き出せるような。そういう人と一緒に仕事をやりたいなと思うんです。

自分が好きなものを出してくる、それで充実感を覚えて止まる従業員ではなくて、ですね。やりとりをふまえて、自分たちがおすすめできることを見つけることができるというのは「受け」の姿勢でやることなんです。自分が好きなものを読んでそれを出していくんじゃなく、うまく受けとめるわけですからね。まあ、これは私自身が積極的に自分からなにかを取ってくるみたいなほうではないですから、言い訳みたいにして話しているところもあるんでしょうけどね。でも、気ばらずに入れて、「あそこの店って、なんか入ってしまうんだよな」みたいな気楽な、気安い……つまり、普通をちゃんとやっている場であればいいというか。すごく感じのよい普通をきわめたいなと個人的には思っていて。

いい本を積極的にすすめてもらいたい人もいれば、そうでない人もいる中で、うちの店はすごい本好きが集う店を目指しているわけでもないんです。あんまり別に本には興味はないとかいうかたも入ってこられる……それが本来は、本屋という場のいいところだと、最近つくづく思うんですね。本そのものが好きだから本屋にくるという人は、多数派ではないだろう、と。本ってどんなジャンルでも展開していますから、みんなはおそらく、それぞれ好きな分野に会いにくるんだろう、と私としては捉えているんです。

本は、やっぱり売れなくなりましたよね。この頃では、もう単純に、これはうちの店に限らず「売れない」といっていい状況にあると思います。私たちの年代の書店員が入社した頃から流行《はや》りだした「しかけ販売」という一点積みの売りかたがあって、ひとつの本を山積みにしたり多面で展開したりするんですね。私たちの場合は路面店なので、表の通路にワゴンを置いて積んでおく。すると、かつてはそれで飛ぶように売れていたんですよ。

たとえば雑学の本とかを二百冊ぐらい積んでおけば、すうっとなくなっていたような印象がありました。だから、私たち書店員は長らく、それでいいんだというか、ボリュームを第一に考えていたんです。「ここ、薄くなっているから、もっとボリュームを持たせて」という会話が当たり前のように交わされていた。

でも、いまはもう完全にそのやりかたが通用しなくなっていて、展開も小さいほうにどんどん向かってきたんです。そこには危機感もありますが、先細りしていくことになって、なにかこう、これまでよりはもっと丁寧な商売をしていく世界に入ってもいるのではないかとも感じます。逆に、成熟していって、それぞれのかたにあったものを、お客さまをじーっと見ることでちょっとずつ提供していくことができるようにもなったのだな、と。かつては、誰にでも同じものを大量に提供していた。それでかなりの売り上げが出ていたので、商売としてはよかったんですけどね。でも、売れなくなった反面で丁寧な仕事が求められるようになったことには、全面的に悪いところばかりあるわけではないな、と感じるわけです。

もちろん、いまは店をやっていくのは苦しいんですけど、過渡期だから苦しいのであって、これまでのやりかたではない商売のところにまで苦しみながらも進んでいけば、より豊かな世界が待っているよ、たぶん……と、自分にいいきかせているところなんですよね。おおざっぱな、どんぶり勘定のやりかたでは、もう通用しない。しかし、もともと私たちが本が好きで書店員になったのだとしたら、必要としている人のところに本が届く姿を見るよろこびは、むしろより細やかに感じられもするはず。いまの苦しみを乗りこえれば、その世界に入っていけるだろうと自分にはいいきかせていて……。

＊

私はいま、広島のことが大好きで、広島に対する思い入れもとても強いんですが、それは案外、出身ではないからこそそうなるのかなとは感じています。隣の県、いわば近いところからきたのに、この広島という場所が八月六日の（原爆の）ことにこれまでどのように向き合ってきたのかには衝撃を受けました。商店街のご奉仕で、私も商店街のみなさまと一緒に平和公園にいって、毎年、灯籠《とうろう》流しの受付をするんですけど、最近でこそちょっとイベント化して、平和へのメッセージを書かれる観光客のかたもいらっしゃいますが、ほんとうにご家族を亡くされたかたが灯籠にご家族のかたの名前とご自分の名前を書かれているのを目の前で見ると……その体験って大きいんですよね。普段お店で接している広島のお年寄りの多くがこのような背景を持っている、と実感して。

　もちろん、広島のお年寄りではなくても、あの年代のかたがたはたいへんな時代を生きてこられたわけで、そのかたたちに対して、私たちは普段から敬意をあらわしたりする機会は、一般的にはなかなか持てないですけど、お店で接する時などに想像することはできるわけですよね。とくに広島の場合には、かなりすさまじい背景があるわけで、広島で育っていれば平和教育などを受けているのでしょうが、私はぽんときたのでショックも大きくて……だからこそ、思い入れが強くもなっていきました。お店の中で原爆についての本をあつかうのも、かなり神経を使う必要がありますよね。

　デリケートな問題がそこにはあって、やはりそれに類するものを、もうことさらに見たくないと思われるかたもいるのは当然なばかりか、「記憶がよみがえるのはいやだ」と切実にいうかたも、たくさんおられる。その状況の中で選書をして原爆コーナーを作る際にどうしたらいいのかというのには、いまもはっきり答えはないんですが。悲惨さを伝えるのも大事なんですが、それ以外のなにか伝えかたがあるのではないか、もっと八月六日のフェアを普遍化してできないか、なんて考えています。八月六日をあつかった本を、その日に向けて展開するのではなくて、かといって「記憶」などを軸にしすぎてもわかりにくいですし。ただ、まあ、いまの日常がとても貴重なものだと伝えられたらな、と。

……いや、じつはそこで伝えてというよりは、ほんとうはフェアもなにもない時も含めて、店の存在そのものがいまいったようなことを伝えていてほしいな、と考えているんですけどね。広島のかたがたのにぎわいやお店でのやりとりそのものが、平和を象徴しているとなっているほうが、ほんとうはそれがいちばん。店全体で、私たちがいまこういられることが、町の本屋としてここで商売を続けて、お客さまとやりとりできるということが、平和のあかしなんだということを、少なくともうちの従業員たちには自覚していてほしいんです。

うちの店も、一度は原爆でなにもかもを失ってしまって、また一からはじめた店なので。あからさまにそのことをメッセージとして伝えるコーナーがあるとしてもないとしても、店は存続することで町の平和の一部分を守っているんだとは、私自身もつねに自覚していきたいところではあります。だから、苦しい時でもふんばって、明るく楽しくお客さまをお迎えする……それはなにかへの抵抗なのかもしれませんが思います。

＊

もちろん、私もかつてはそうでしたが、若いスタッフたちは、とくにいまいったようなことを考えて働いているわけではないですよね。募集していたから受けてきたんですもんね。私も、さきほどお話をしたように、しんどい、足が痛い、腰が痛いとしか思えなかったし、いやだった。でもいまは、この店を守っていくんだということに特別な使命感まで持つようになって……しかも、それが見た目として特別な店だからそうなんだというのではなく、普通の平和を守っていく、つらい思いをしたかたでもにここにとお店に入ってこられるみたいな感じですかね。

その使命感、みたいなものは、普通にやっていたら本屋はつぶれるという状況があるから、余計にそれを意識しているのかもしれませんね。少し前にも、うちと同じぐらい長く営業をされていた書店の金正堂さんが閉店されましたし。八月六日に灯籠を流すもとの火も、その時に金正堂さんの建物が壊れてしまった際の地下から取ったもので、その火がいまもずっと続いているんですけど、そんな伝統ある金正堂さんさえ、お店を閉められた。そういうこともあって、古くからの本屋は私たちだけになってしまったなというところもある。古くからの店を守るためにも接客を、と考えている面はあります。商売がうまくいっているわけではないんですけれど、そこで「……はぁ」みたいにため息をついてお店に立っているのは状況に負けちゃっていることになると思うので、そこはちょっと負けん気をふりしぼって、抵抗すべきですよね。

もちろん、状況への抵抗とはいっても奇抜なことに走るだけとかではだめで、ほんとうにはどのようなことが求められているのか、落ち着いて、よく見て動く、と。なにかをしなければならないにしても、そんなに奇抜なことが求められているとは、私にはどうしても思えない。普通のことを丁寧にやることをお客さまは求めているのではないか、と、私は接客しての印象からですが、信じていますからね。

私たちは、作り手としての仕事をするわけではありません。作り手のかたというのは「自分の中から出していく」という仕事で、それはたいへんなことで、才能が要ることで、とは思いますけど、私たちの仕事は、そういう出していくものではなくて。ただ、さきほどからいっているような、「もっと丁寧に受けとめる仕事」の大切さを伝えて、それを店に反映していくというのは、むずかしい……いいづらいんです。

「受け」という言葉自体から、もう苦戦している感じが出るので、それよりは、なにかを見つけてきて「攻める」みたいな話のほうが好まれるというか……。むしろ、「攻める」というようなことをいわないと、リーダーとして弱いという評価に、集団の中ではなりやすいところがあるんですね。打って出る、とか、斬新《ざんしん》なフェアをやって売り上げを「取る」とか、まだあつかっていない商材をどこかと交渉して取ってきてそれを出すとか……好まれる、わかりやすい積極的な単語の選択というのが、どうしてもある。そういうのが評価されやすいというのは、うちや本屋のみならず、ほかの仕事をされているかたで、その方向ではないほうに目を向けているなら「組織には、そういうところがどうしても出てしまう」と共感していただける点かもしれませんけれども。

……それに、ですね。いまはこうしてべらべら話していますけれど、こういう切実な気持ちを話したこと自体が、ちょっと「はじめてのこと」になると思います。たとえばスタッフとでも、こういうことを話すことは、まずないですし。それよりは、朝礼などでは私は毎日発言しますが、目の前の連絡事項と、それから、昨日はこんなクレームがあってなどと伝えたあとに、みんな、元気で笑顔でがんばりましょう、と暗い声でいってしまっていて……。やはり、いま話したようなことを、もしも伝えたとしても、どう受けとめられるかわからないところがありますよね。真意をちゃんと伝えるには、熱意を持って何度も話す以外にはない、とは思いながら、なかなかそういう機会が持てない……やはり、目の前の売り上げのことがありますからね。

＊

もちろん、毎日の店作りでは、ここの売り場ではこういう意味を持たせて展開します、と具体的にコンセプトを伝えていかなければならない。そこももちろんやりたいとは思いますけど、その背景にある気持ちをもっとみんなと共有したい、そこのジレンマはありますね。根本的なことをいえば、さまざまな展開は売り上げを取るためのもの。では、なんのために売り上げを取るの、というところまでの話はなかなかできないので、目の前のことに追われていくんでしょうか。

ただ、なにもうちは、大きい店でもないですから、できれば根本的なスピリッツみたいなものは共有したうえで、がんばろうとは思いたいですけどね。でもまあ、少ない人数でもなかなかそこまでは伝えられない。こういうことを考えていると、だんだん自分のほうがとんちんかんな存在なのかな、という気もしてきます。自分の考えだから、間違っているとまでは思いませんが、会社や店にとって、私のこういう考えかたなんかはプラスになっているのだろうか、と。そうちがいがないのかもしれないけれど、深く話す機会がないがために、おたがいがなにかわかりあえていない。そんなところがあるなとは感じていいます。

私自身の働く人としてのありかたは……まず、こうやってぶつぶつ考えるほうですから、動きはおそいんですね。ぱっと動いてなにかを仕上げるというようなことができなくて、割ともたもたするたちなんですけど、たとえばラジオに出演してお店のことを伝えるだとか、外に向けて発信する仕事が、なりゆきではあるのですがいただけるんですね。「おまえ、話すの得意じゃろ」とかいうことでくるわけでもなく、いただく。入社して十年目ぐらいから、そうして外に出る仕事が出てきた。その頃には、なにか全国的にそのような書店員が本を紹介する機会が増えていきました。私もたまに雑誌でお話をしたりするようになっていった。そのうち、公共の機関のかたとのやりとりなどもするようにもなりました。外とのおつきあいをすることには意味がある、とは私は前から思っていて、いやがらずにやるのでそういうお仕事もいただくようになったということでしょうかね。

ですから、私の仕事というのは直接の売り場作りとかいうところよりも、社内では外との交流についてのところをなんとなく担うようになっていった感じなんです。私がこういうメッセージを伝えたいので出してくださいとかいうのでもなく、そこも「受け身」の仕事なんですけど。マネージャーの業務としては、より効率的に品揃えをして、売り場や棚を作る仕組みを確立していくことが、いちばんポイントが高いとされてはいるんですけどね。そんなに能力の高いスタッフが揃ってはいないのだとしても、一定のレベルの店ができる「仕組み」を作るのが店長の仕事だから、と。

店長としていってはいけないとされているのは「店作りはマンパワーによるものである」ということ。人の能力のよし悪《あ》しが書店のよし悪しではなく、よし悪しを左右するのは仕組みなんだと考えるべきが店長である。これは、経営の意図としては理解できることですが、私自身としては、本音でいえば個々の書店員の能力、個性、お客さまや取引先さまとのやりとりを店の中に反映することによって売り場の価値が出るように、と店に立ち続けていて思うようにはなっているんです。でも、誰がやっても一定レベルになるような監督になることが求められている立場ではありません。仕組み……ももちろん大事でしょうけど。

*

うちのスタッフの人数は十五人です。なにかはっきりしたかたちで「これこそがうちの成果です」と出すことはできないんですが、この本店というのは、会社の中で新入社員を育てる場でもあるんですよ。新入社員は、まずは本店につける。会社の本部がすぐ上の階にあるので、目が届きやすいというのもあるんですね。それで、私たちの会社には毎年新入社員が入るのではなく、何年かに一回、二、三人という感じではあるのですが昨年は入ってくれて。やっぱり新しい人たちが入ってくるといろいろと考えますね。いまの新入社員たちは、まずすごく苦労しているわけです。

私が入ってすぐにやめたいなと思ったのは、たぶんそれまでに苦労がなかったからでしょう。簡単な面接を受けて入社しただけですからね。そういう人間とは、いまの新入社員はちがうなとは感じます。まず、ものすごくありがたがって働いている。本に対する知識があるとかいうわけではないけど、右往左往しながら、少なくとも一生懸命にやろうという雰囲気が、いる姿からにじみ出ているんですね。その点では、ほかのアルバイトさんや長く働いているパートさんにいい影響を与えてくれています。うちの店は、仲がいい店ではありますね。十五人もいると、普通はもうちょっと人間関係がどうとか出てくるものですけど、それはなくて。私の考えていることが根本的に伝わって……というわけではないにしても、少なくとも「みんなで一緒にがんばろうね」という感じは、なぜかちゃんとある。

私たちの店って若いスタッフが多いですし、レベルとしては選書にしても売り場作りにしても低いわけですが、力をあわせてはいけているんです。なんとなくスタッフはまとまって、ほんわかしたムードはある。そういう従業員間の雰囲気というのはお客さまにもなんとなく伝わるものなので、その点ではいいですね。新入社員の苦労については……六十社受けたといっていましたから、そういう就職活動って否定され続けることでもあるわけでしょう。受けて、落ちての繰り返しの中で、人間としてだめだといわれて苦しんだ人なんだから、うちでのびのびと元気に働いてもらえたら、と思っています。

新入社員たちのおかげで、店の中のギスギスしたようなところもなくなりましたからね。ベテランや優秀な人たちが多くとも派閥があるとかいうよりも、私は好きな感じのチームです。新人だからか、やっていること自体は少しへんだったりもするのだけど、社会で働けていることをうれしがっていますからね。目にくまができていたりもするので、内心ではたいへんとは想像しますが。

新人はふたり入ったんですが、四月に入社するという少し前のお正月の段階では、ふたりとも、まだ就職が決まっていなかったらしいんですね。社会人になってはじめて年を越すという時に「昨年は不安な気持ちで年を越したけれど、今年はとてもよかった」といっていましたから、きびしい時代だからこそ、のまじめさは感じます。ひと通りのことができて、礼儀正しくて、という……。

＊

廣文館のよさに関しては、私自身としては、へんにとがらないところだろうと思っているんですよね。悪くいえば特徴がはっきりしていない、弱いというところなのでしょうが。近所のかたがこられる、地方の小さなお店ですよね。だから他県の同じような立場のお店と仲良くして、一緒に知恵をしぼってやろうという、そういう雰囲気がある、小まわりがきくお店でもあるのは、いいところだなとは思います。

そこで私の働きかたとしては……私、欠勤したことがないんですよ。この皆勤賞というのだけは、ちょっと誇れるんですね。高校の時にずいぶん休みましたからね、もういいんです。風邪を引いても仕事を休むというほどにはならない。私は独身ですし、自分の面倒だけ見ているからそうなっているというところもあるんでしょうけどね。私の年代だったら、おうちで介護もしているだとか、子育てしながら働いているだとか、みなさんはやっていると思うんです。私は、仕事だけをしていればよくて、それ以外の時間は自分のコンディションを整えることに使えるのでたいへんということもなく、むしろ恵まれている。ともだちなんかを見ていると、保育園に子どもをあずけて仕事にとか、やっぱりたいへんそうですからね。ほかにも、親の介護がとかだけでなく、夜に出ていかなければならない仕事、命をあずかる仕事などときびしい現場におられるかたは、いくらでもいて。

そういうことを思うと、私の仕事の本質ってお店でお客さんと楽しくやりとりをして、楽しく商売をして……と、「楽しさ」がほんとうは中心にあるものなんです。私がこの仕事でいちばん好きなのも、その仕事のわかりやすさで。お客さまの財布からお金を出していただいて本を買ってもらって、それが私たちの給料の一部になるという、物理的に見えてややこしくない仕事でもある。少々は悩むことがあっても、ほんとうにはつぶれずにいられて。ただ、うちの会社は百年続いているとはいっても、私よりも長い社員って、本部にあとひとりいるかなというぐらいではあるんです。私が入社した時には、同期が十人くらいいたんですけどね。当時は大型の店を出すという頃で、それで募集がかかって私も入社したんですが、あれだけいた同期も、みんなもうやめてしまった。

その後に入った後輩たちも、多くの人がやめてしまったんです。うちの店だけでなく世の中全体もそうなっていったように記憶していますが、まるで流行りの病《やまい》のようにうつ病

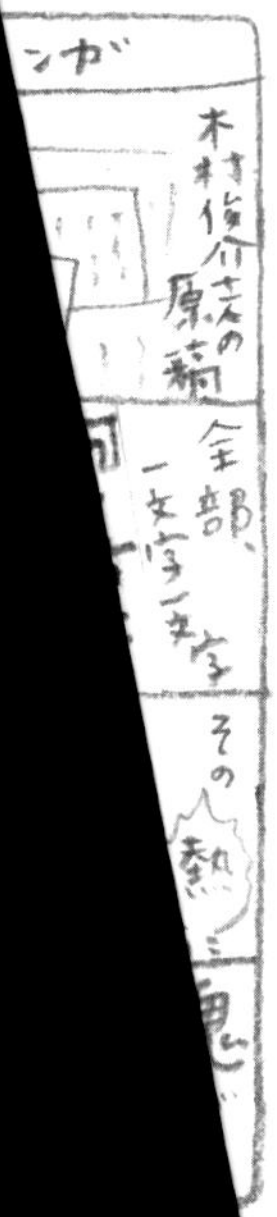

好評既刊本

『東京ドリーム』
Cocco 著
￥1500＋税

ミシマ社創業7周年企画 第1弾!!!

鋭い観察眼、やさしいまなざし…
Coccoさんの愛情とユーモアが
ぎっしりつまった、たからもののような
36のエッセイ。読むと、大切な誰かを **ギュッ** と抱きしめたくなります。

…より
…店員』著者の木村俊介さんとは
…さん」だった頃からのつきあいです。
…、「インタビュアー 木村俊介」の
…代表作になりうる作品が
…にフィクションの新境地を
…です。十数年の関係があって
…た本だと、今、実感しています。

ミシマ社創業7周年企画 第2弾!!

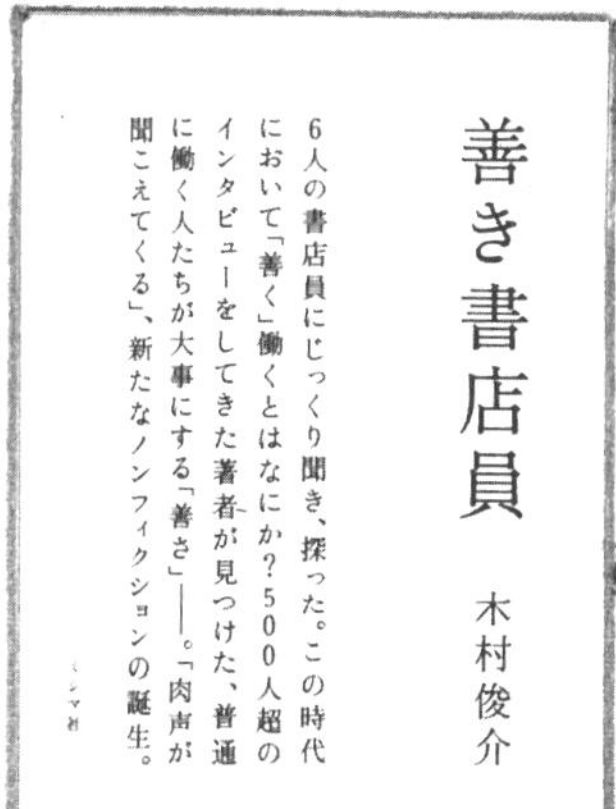
善き書店員
木村俊介
6人の書店員にじっくり聞き、探った。この時代において「善く」働くとはなにか？500人超のインタビューをしてきた著者が見つけた、普通に働く人たちが大事にする「善さ」——。「肉声が聞こえてくる」、新たなノンフィクションの誕生。
ミシマ社

装丁：寄藤文平

善き書店員
木村俊介（著）

￥1,800＋税

いま、この時代における
「善く」働くとは何か

6人の書店員さんに、じっくりと聞き、探った、
「肉声が聞こえてくる」まったく新しい **ノンフィクション**
毎日、ふつうに体をつかって働く人たちの声が、呼吸が
この本のなかに **ギュギュッッ** とつまっています。

500人超をインタビューしてきた著者が見つけた、「善さ」。

実は…この本も木村さんとつくってます!!
『やる気！攻略本』金井壽宏（著）
『「脱ひとり勝ち」文明論』清水浩（著）（どちらもミシマ社刊）

ミシマ社の本たち

【元気が出る！】

発刊年月	増刷	ジャンル	タイトル	著者	ISBN	本体価格
13年9月		人生 エッセイ	人生、行きがかりじょう	バッキー井上	978-4-903908-45-8	1,500
08年3月	7刷	起業 経営	謎の会社、世界を変える。——エニグモの挑戦	須田将啓 田中禎人	978-4-903908-05-2	1,600
11年6月	4刷	ソーシャル イノベーション	創発的破壊　——未来をつくるイノベーション	米倉誠一郎	978-4-903908-27-4	1,700
11年1月		人生 デザイン	逆行	尾原史和	978-4-903908-24-3	1,600
09年6月	2刷	ビジネス 社会	脱「ひとり勝ち」文明論	清水浩	978-4-903908-13-7	1,500
10年6月	2刷	プロレス エッセイ	ドンマイドンマイッ！	三沢光晴	978-4-903908-19-9	1,500
09年9月	3刷	生き方 教育	〈貧乏〉のススメ	齋藤孝	978-4-903908-14-4	1,500
08年2月	5刷	モチベーション	やる気！攻略本	金井壽宏	978-4-903908-04-5	1,500
08年7月		生き方 健康	ナンバ式！元気生活	矢野龍彦 長谷川智	978-4-903908-07-6	1,500
07年6月		ビジネス 生き方	仕事で遊ぶナンバ術	矢野龍彦 長谷川智	978-4-903908-01-4	1,500

【エッセイ・作家】

発刊年月	増刷	ジャンル	タイトル	著者	ISBN	本体価格
13年10月	2刷	エッセイ 作家	東京ドリーム	Cocco	978-4-903908-47-2	1,500
13年2月		エッセイ 作家	ザ・万字固め	万城目学	978-4-903908-41-0	1,500
12年12月	2刷	エッセイ 関西 食	飲み食い世界一の大阪 ～そして神戸。なのにあなたは京都へゆくの～	江弘毅	978-4-903908-40-3	1,600
10年7月	2刷	ノンフィクション 紀行文	遊牧夫婦	近藤雄生	978-4-903908-20-5	1,600
11年10月		ノンフィクション 紀行文	中国でお尻を手術。——遊牧夫婦、アジアを行く	近藤雄生	978-4-903908-30-4	1,600
13年8月		ノンフィクション 紀行文	終わりなき旅の終わり ——さらば、遊牧夫婦	近藤雄生	978-4-903908-44-1	1,700
10年4月	6刷	コミック エッセイ	ほしいものはなんですか？	益田ミリ	978-4-903908-18-2	1,200
10年1月	7刷	仏教 エッセイ	ボクは坊さん。	白川密成	978-4-903908-16-8	1,600
12年5月	3刷	エッセイ 文章術	小田嶋隆のコラム道	小田嶋隆	978-4-903908-35-9	1,500
10年2月		文芸 科学	未来への周遊券	最相葉月 瀬名秀明	978-4-903908-17-5	1,500
08年10月	2刷	プロレス エッセイ	みんなのプロレス	斎藤文彦	978-4-903908-09-0	2,800

【原点シリーズ】

発刊年月	増刷	ジャンル	タイトル
13年5月	3刷	働き方 生き方	仕事のお守り
13年6月		街ガイド 自由が丘	自由が丘の贈り物　——私のお店、私
12年8月	4刷	読書 書店	THE BOOKS ～365人の本屋さんが たい「この一冊」

【歴史・地方】

発刊年月	増刷	ジャンル	タイトル
08年12月		祭り 民俗	東京お祭り！大事典
09年5月	5刷	歴史 日本文化	海岸線の歴史
12年3月		歴史 記録	海岸線は語る　～東日本
09年10月	5刷	神話 日本古代	超訳 古事記
10年1月	7刷	仏教 エッセイ	ボクは坊さん。
13年6月		街ガイド 自由が丘	自由が丘の贈り
11年8月	3刷	ソーシャル ノンフィクション	いま、地方で

【絵本・教育】

発刊年月	増刷	ジャンル	タイトル
10年11月	8刷	絵本	はやくは
11年9月		絵本	だいじ
08年11月	12刷	思想 エッセイ	街場
08年6月		教育 通信	12

【街場】

発刊年月	増刷	ジャンル	タイトル
08年11月	12刷	思想 エッセイ	
11年2月	4刷	思想 中国	
12年7月	5刷	思想 エッセイ	
12年12月	2刷	エッ	
12年1月	5刷	経済 社会	

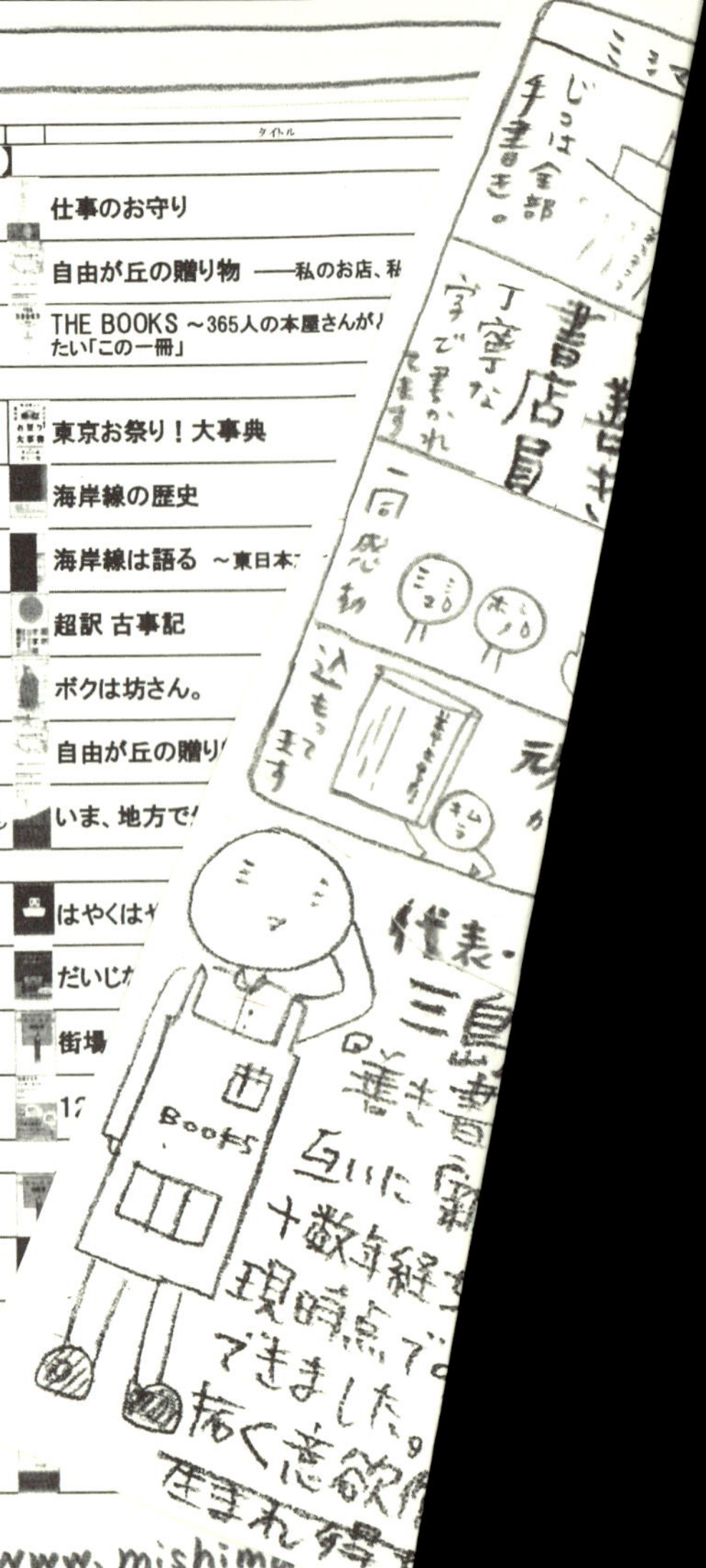

http:// www.mishima

発刊年月	増刷	ジャンル	タイトル	著者	ISBN	本体価格
【小商い】						
13年5月	3刷	働き方 生き方	仕事のお守り	ミシマ社(編)	978-4-903908-42-7	1,300
12年1月	5刷	経済 社会	小商いのすすめ	平川克美	978-4-903908-32-8	1,600
11年8月	3刷	ソーシャル ノンフィクション	いま、地方で生きるということ	西村佳哲	978-4-903908-28-1	1,700
07年8月		評論 生き方	アマチュア論。	勢古浩爾	978-4-903908-02-1	1,600
09年9月	3刷	生き方 教育	〈貧乏〉のススメ	齋藤孝	978-4-903908-14-4	1,500
08年2月	5刷	モチベーション	やる気！攻略本	金井壽宏	978-4-903908-04-5	1,500
【書く・撮る】						
12年7月	5刷	思想 エッセイ	街場の文体論	内田樹	978-4-903908-36-6	1,600
10年11月	3刷	仕事 文章術	書いて生きていく プロ文章論	上阪徹	978-4-903908-23-6	1,600
12年5月	3刷	エッセイ 文章術	小田嶋隆のコラム道	小田嶋隆	978-4-903908-35-9	1,500
09年3月	2刷	文章術 心理	文章は写経のように書くのがいい	香山リカ	978-4-903908-12-0	1,500
12年12月	2刷	エッセイ 関西 食	飲み食い世界一の大阪 ～そして神戸。なのにあなたは京都へゆくの～	江弘毅	978-4-903908-40-3	1,600
12年11月		写真 エッセイ	＜彼女＞の撮り方	青山裕企	978-4-903908-39-7	1,700
11年12月		詩 写真	透明人間　再出発	谷郁雄・詩 青山裕企・写真	978-4-903908-31-1	2,500
【女性・生活】						
11年3月	2刷	生活 料理	自由が丘3丁目 白山米店のやさしいごはん	白山米店お母さん (寿松木衣映)	978-4-903908-26-7	1,600
10年4月	6刷	コミック エッセイ	ほしいものはなんですか？	益田ミリ	978-4-903908-18-2	1,200
11年9月		絵本	だいじなだいじなぼくのはこ	益田ミリ・作 平澤一平・絵	978-4-903908-29-8	1,500
12年2月	2刷	闘病 エッセイ	毛のない生活	山口ミルコ	978-4-903908-33-5	1,500
12年9月		日韓(国際結婚)・エッセイ	わが家の闘争　――韓国人ミリャンの嫁入り	趙美良	978-4-903908-38-0	1,500
08年7月		生き方 健康	ナンバ式！元気生活	矢野龍彦 長谷川智	978-4-903908-07-6	1,500
11年12月		詩 写真	透明人間　再出発	谷郁雄・詩 青山裕企・写真	978-4-903908-31-1	2,500
07年11月	4刷	医学 生命科学	病気にならないための時間医学	大塚邦明	978-4-903908-03-8	2,200

ミシマ社通信

vol. 44

2013年11月号

今年は台風がむちゃくちゃ多いですね。京都オフィスはかなり街なかにあり、ワンルームなのですが、自由が丘オフィスは築50年の1軒家なので「ああ、大丈夫だろうか」と不安になったりします。ちなみに京都オフィスの近くにはおいしいパン屋さんがあり、外に出ると焼きたてのパンのいいにおいがします。食欲とたたかうのが大変な秋です…。

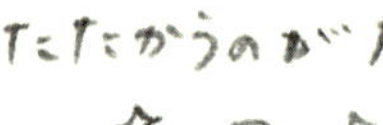

になる人が出てきて、仕事に出られないとか、お店の中で店員が急に泣きだしたりとか、そういう同僚は何人も見てきました。それでみんながやめていってしまった。私はこの会社でもう十六年働いていますが、ずっと一緒にやってきたとか、入社した時から私が教えてこうして後輩が育ってきたとかいうスタッフも、もうほとんどいません。店の売り上げがきびしくなってそうなっていったところもあるので、だからこそ、私はさきほどからことさらに楽しく、そしてできれば長い目で見て働ける場であるようにと話しているのかもしれないですね……。

書店業界というのは、やっぱりちょっと、離職率が高すぎるのかな。でも、この仕事のほんとうの魅力がわかるまでには、それは二年や三年ではわからないので、なんとかふんばってもらって、と中にいる側としては思うのですけど。ただ、やめていった人たちに対しては、私も、当時はいまよりもっと未熟だったので、なんの手助けもできなかった。元気づけることもできず……という悔いはありますね。その後悔というところからひるがえってみて、さきほどの新人たちについても、もちろん「とっても助かっているよ」などと声をかけたりはしていますが、ほんとうに元気づけられているのかといえば、もしかしたらむずかしいのかなとは思いますが。彼らはやめるような雰囲気はまったくないんですけど。

*

これまでやめていった人たちに思うことは……ひとりやめるたびに、単純にとてもさみしかったんですよね。もっと早くいってくれなかったのは、私の聞く態勢ができていなかったんだろうな、とか。やめると決めたことだけを私に伝えにきてくれた時にそう感じて、相談できるようなところがなくて悪かったなぁ、と……。いまの書店業界の状況の中で、賃金や働く内容などについて、働いている本人がどう折り合いをつけて、自分にとって重要なものをどこに置くのか……それは人それぞれの考えがあるので、どうにもできない部分が多いですし。

これだけ日々きびしい状況が深まっている業界の中で、なにを重要としているのかの位置づけをはっきり持っていないと、もう続けていかれなくなっても不思議ではないだろうな、とは思うんです。なにか大切にしているものがひとつでもなければ、はっきりいってしんどいだけの仕事、ですからね。私はいまは店長ですから、いまいった「働き続けられるに足るなにか」を、むしろ植えつける立場にあるのでしょうけどね。少々のことでは離れていかないだけの、仕事に対する気持ちをちゃんと持てるようにしていかないと……前にいったことと関係するのですが、そこでやっぱり、ただ本が好きだとかいうだけでは、どこかでやっていけなくなるだろうなと思うんですね。それだけではきっとどこかでいきづまる……それはわかっているわけです。

新入社員にしても、ふたりともいまは新人として元気よくやってくれて、よかったねといっているけれども、このままいくとあと二、三年でいきづまる日がくる。それでも、しんどい中でもここで足をふんばるのか、まあ、そりゃあ、新しい道を探すのも悪いことではないのかもしれないんですが、そうなったとしても過去の仕事を、ただしんどかっただけのことと思うのかどうかは大事なことで。私自身としては、この仕事はしんどいからやめるとかそういうものではないと思っている、これまで話してきたような気持ちを伝えることができるかどうかなんですよね。そこは店長の力量だと思うんですが、ぜんぜんできてないという。今日もありがとう、といいながら雑用をやってもらっている毎日ですからね。早く手を打っておかないといけないなと思います。

もちろん、書店の改革については、業界誌に載っているトピックのようなものとしてもあるとは思うんです。書店の取りぶんを増やすとか、上のほうのかたがたが議論していることは、現場でも理解していないといけないとは思いますが、それとは別に私がスタッフに伝えていかなければいけないことがある。それから、いい話が伝えられたら、誰だって元気に働けるというものでもないとは思うので、大事にできるなにかをそれぞれ現実から受けとめてもらうしかないのですが……ただ、新入社員たちは社会に出る前にすでに打たれていることもあって、資質としてはすばらしいなと感じているんですね。

昨年やめた同期もいましたからね……もう、私たちここまできたら一緒にがんばれる、と思っていたのにやめちゃって、それが私以外では最後の同期でした。「もうだめだ」といって、やめた。夜にレジの計算をしている時に涙が出てきて、もうだめだと思ったと話していて。驚きでもあったわけです。もっとしんどい時もあって、乗りこえてきたのにな、と思ってさみしかったですね。

＊

ここ最近になるまで、私は本の価値というのを疑ったことはありませんでした。ただ、この数年は、そもそも本ってなんだろうなと、折にふれて考えるようにはなりました。悪いいいかたでいえば、そこまでこの仕事が追いつめられてきているのかもしれないんですけど。本ってほんとうに要るんだろうか。いまのかたちの本がなくてもこと足りる世の中になっていくのかなということは、ずっと不安に感じているんです。

私たちがかつて当たり前のようにやってきた、文学作品に向きあうことだとか、知識を本から得ることだとか、この先もずっとあるのかな、と。だから、電子書籍に代わられるとかいう話でもないんですね。それでも、自分が好きで「いいな」と思っているだけではない、人に仕事で「本っていいですよ」と伝えられるに足る意味を、どこかで切実に探しています。本ってなに、という問いへの客観的な答えを自分なりに出せたらいいな、と。

個人的には、本ってなによりも価値のあるもので、これがない世界は考えられないと思ってきたんだけど、「……あれ、じつはそうではないのかもしれないな」と、提供している商品を疑問に思わなければならない追いつめられかたはしているんです。あってもなくてもいいのかな、森羅万象、ここまでたくさんの世界のことを本に仕立てていく必要があるのかな、とは思っていて。全宇宙のことを記していけるところに、本の意義はあると考えてきたけど、そうではないのかなぁ、と……。

たとえば、本がもしも記憶といったものをあつかうのに向いているのなら、その方向の本が生き残っていくのだろうし、これまでのようになにもかもをささっと本にするのでなく、ほんとうに本にする意義のあるものだけが本として仕立てあげられていって、それを手渡すのが本屋の仕事だというようになれば、それもまた、苦しいからこそより役割が丁寧になっていったみたいな機会とも思える、さっき本屋について話したのと同じような成熟だろうとは思うんですけどね。いや、ちょっと油断するともう、なにか、かすかすになってしまいそうな中で働いているからか、ひとりではそういうことを考えるのですが。気をひきしめて働いていきます。

5章

町の本屋の最高峰を目指す、
という目標ができてからですよね、
ほんの少しですけど、強くなれたかなと思っているのは。

長崎健一さん／長崎書店

ながさき・けんいち／一九七八年、熊本県生まれ。
取材させていただいたのは、二〇一三年の一月十三日と二月十八日だった。

＊

ぼくは、ひとりっ子です。父が社長として経営していた長崎書店を継いで、いまは社長をやっています。「歴史のあるお店だよ」と小さい頃から周囲にいわれて育っていましたから、地元の熊本県にあるこのお店を継ぐことは、小学生ぐらいの頃には、すでに期待されていたように思います。自分でもそのつもりでした。小学校の先生からも、「けんちゃん、これ頼むよ」と本のメモを渡されて店から本を持っていく注文を受けていたんです。店の二階が自宅なので、帰るのは店に、なんですね。だから、学校から帰るとお店の人に「先生から注文をもらいました」と、メモを渡すという。小間使《こまづか》いみたいなものですが、そのようなことを先生から頼まれることで、あ、うちは役に立っているんだなと思えてうれしかったんです。少なくとも当時のぼくにとっては小学校の先生って絶対的な存在でしたからね。その先生が、うちの店で本を注文してくれるのは、誇らしかった気がします。父と母からは継げとはまったくいわれていなかったけれど、ぼんやりと、本屋になるんだと思っていた。

中学校や高校に進んだあともほかにとくになりたい仕事もなかったし、自分の立場というのもだんだんわかってきますし、反発もなく本屋の仕事がいやではなかったですからね、店で働くつもりでした。ただ、当時のうちには外商なんかもあって、いろいろなところに本を配達したり納品したりしにいっていたものですから、ぼくぜんと「外に配達をするような会社の社長が、自分に務まるのだろうか」という心配はありました。その頃の従業員は三十人ぐらいでしたから、いまよりも店が広かったですし、車も四台あって、市内の学校とか図書館、会社にも販売にいっていたんです。教科書販売の時期になると、臨時のアルバイトを何十人と雇って高校に販売にいっていた。ぼくの進学した高校にもきていたので、うれしいやらはずかしいやらでしたけどね。

両親は、お店のことでだいぶ苦労していたようです。店はにぎわっていたとは思いますが、僕が高校生くらいの頃から店の老朽化が進んで売り上げも減少して、外商の納品先も少なくなったりしていったんですね。その頃、すぐはす向かいの三百坪くらいの書店がリニューアルしたお店を建て直されました。それも、うちにとってはこたえたみたいですね。それに加えて、リブロさんや喜久屋書店さん、蔦屋《つたや》書店熊本三年坂店さん……つまりツタヤさんなど、近所に大きい書店ができていった。まあ、時代の流れですね。大店法《だいてんほう》の改正（一九九一年）で規制緩和がなされて、中心市街にも郊外にも何百坪という大きな店ができていったわけですから。その十年後ぐらいにはブックオフやアマゾンが台頭して単行本の販売がきびしくなり、コンビニもどんどん増えて雑誌の販売が本屋ではむずかしくなる……こういうことが、ぼくが高校から大学に在籍しているぐらいのあいだに、一気に進んでいったんですよね。

＊

大学は東京の青山学院に進学していたんです。将来のために経営学部で勉強しながら、やはりどこか自分の店以外での経験も積んでおいたほうがいいだろう、と個人的には考えていて。当時、住んでいたのが（渋谷区の）幡《はた》ヶ谷《や》と初台《はつだい》のあいだぐらいで新宿に近かったものですから、それに都庁とか西新宿あたりへのあこがれも強かったので、新宿の書店で働いてみたんです。刑事ドラマのオープニングで西新宿あたりをばーっと映していたのが好きで。漫画でも探偵ものなんかで出ていた新宿の町がかっこよかったですからね。自転車で通える店をということで、都庁の真向かいの高層ビルの地下に入っていたくまざわ書店さんが貼り紙でアルバイトを募集していたので、そこで働きはじめました。

やっぱり、けっこうたいへんでしたね。ビジネス街なので土日にお客さんはほとんどいないんですけど平日はとても混んでいた。経営書とかビジネス書の問い合わせが多くて対応するのがたいへんなもんですから、店長にはしょっちゅう怒られていましたね。いまのぼくぐらいの年齢の、やさしいんだけどきびしい店長でした。くまざわさんはマニュアルがしっかりしていて、接客、レジをはじめ返品業務やクレームへの対応に至るまでびっちりマニュアルが揃っているので、それを見ながら学んで、もしくは教えてもらって、「ああ、書店の仕事というのはこんなにいろいろと決まっているんだな」と勉強になりましたけどね。その後にもつながる基本を教わりました。

働いたのは、一年弱だったですかね。仕入れとかをやっていたわけでもありませんし、アルバイトのあいだに「楽しい」とはあまり思わなかったですけど、ほかの書店も見にいって「おもしろいな」とは感じていました。新宿なら、当時ルミネに青山ブックセンターが入っていた。青山にある大学の向かい側の本店へのあこがれは非常に強くて、しょっちゅう見にいっていましたね。当時の青山ブックセンターさんは、いまもすばらしいんですけどとにかく輝いて見えました。デザイン書とか写真集とか、なんでこんな本がこれほどたくさんあるんだ、と大学に入りたての頃の新鮮な感覚は忘れられません。うちの地元の店と、同じ本屋とは思えないな、と。

その後、ぼくが二十代の頃にうちの本屋でやっていたことって、いま考えれば勇み足だったことも多々あるのですが、単純にいえば、長崎書店という場で青山ブックセンターのような店をやりたかったわけです。でも、もちろんやりかたはわからないし途方にくれたのですが。大学を中退することになったのは大学三年の終わりです。

大学を中退して故郷に戻ったのにはやむにやまれぬ理由があったんですが、もしも大学を出ても東京でしばらく働けるのなら、青山ブックセンターさんにいきたかったんですけどね。青山店の中に、まず入る。ファッションやデザイン、それにライフスタイルなんかに関する本が充実していて、その空間にいるだけで文化的な気分にひたれる、心地よさが好きで。気分がよくなるという意味で特別で……たしか当時百万円の本が置いてあったんです。いまでこそ雑貨を置いている本屋も一般的になっていますが、その頃に青山ブックセンターさんでTシャツを売っていたことなども、かっこよかったな。CDが置いてあったり、フィギュアが置いてあったり。こういう本屋があっていいんだ、成りたつんだと思ったものです。壁に絵を飾ってギャラリーのような空間を作っていることなども含めてひとつずつが発見で、これもいいな、あれもいいなと心に留めながら、いつかこの思いを活かしていけたらと思って通っていました。

ただ、実家の母親から連絡があった。経理をしているので、店の実状をいちばんよく知っているのが母親なんです。父親はなにもいわないんですが、帰省した時なんかに、会社の経営がきびしいというんですね。親父のほうは体調が思わしくない時期で、充分に仕事ができない状況がありました。もっとつっこんだことをいえば、銀行返済や、取次への未払いがあってきびしいとか、このままだと会社そのものもどうなるかわからない、とかいったことを伝えられていたんですね。ぼくも東京に出させてもらっていましたが、帰る場所があっての大学における勉強なんですよ。うちの店を引き継ぎ、維持や発展をしていくための勉強であって、おおもとの店がなくなってしまったら、ぼくの中では大学での勉強も、意味を持たなくなると思いました。とにかく、家族と家業を守りたかった。

＊

それで、帰る決断をしたんですね。二〇〇一年の三月です。大学は、もういいだろう。もう帰って、少しでも店の役に立ちたい、と。帰ると……ほんとうに会社の雰囲気は悪かったですね、暗くて。ぎすぎすしていて、ぼくが帰ったということもなにも「明るい話題」というのでもなかったんです。働いている従業員からしてみれば、ぼくがなにかをいったとすればそれは「けむたい」。たぶん「うるせえ」って感じで受けとめられていたんでしょうね。

従業員が朝に出勤してくるのでぼくが「おはようございます」といっても、なにもいってくれないのには驚きました。二十代後半の女性社員のうちの何人かは、返事してくれなかったですね。この会社は病んでいるんだな、と思いました。当時の社長である父と現場のコミュニケーションもまったくうまくいっていなかった。父は父で考えがあって「今度はこれをする」などとそのつどいうのですが、身内で好意的に受けとめられるぼくが聞いていても「うーん」と思えることが多かったですから、従業員たちからしてみればなおさら、ですよね。これでは会社がうまくいくはずがない。従業員がすべて悪かったわけでもなかったんです。判断のスピードがそのうちのひとつでした。

　ぼくは現場の責任者として「統括部長」という名目で、戻ってからは店長のようなことをしていたんです。ただ、場面場面でかならず社長の決裁、つまりハンコが必要なことが持ちあがって、たとえば「これをやりたい」「これはやらなければならない」と相談するのですが、結果は父の気分次第でしたし、おおむねは一カ月とか待たされることになっていました。ほんとうは今日ハンコを押してもらわなければならないことも「まあ、待っとれ」「今日は気が乗らない」みたいに先送りされる。やらなければいけないことを適切なタイミングでできないんです。かと思うと、それにお金を使う意味がよくわからないということがいつのまにか決まっている。とはいえ、父なりの考えや信念、なんとかしなければという気持ちがあったわけで、それを思うと切なく、たまらない気持ちになったことを覚えています。

　その後、店をリニューアルする時がきてその時にぼくは常務取締役という立場だったんですが、リニューアルの図面を引いて、経営革新計画というのを作ったんですよ。それで県庁の商業担当の課にそれをプレゼンしにいって、経営革新計画承認企業としての承認書をもらえば、銀行からかなり低い金利で特別な融資を受けられるかもしれない……という権利を得られるんですが、その時もいまいったようなことが起きました。県に承認依頼を出す時もハンコが要りますし、承認を受けた後で政府系の金融機関に融資の申込書を出す時にも、印鑑が要ります。その際には許可をすぐにもらえなかったばかりか、「……おまえ、なにをしとるんだ」と大きな声で、社長室で怒鳴られまして。でも、その案件こそ、いますぐにやらなければうちは変われないし、これをやらないと店が一年後にどうなっているかわからないからやらせてくださいとひたすらお願いをしてハンコを押してもらった。

そういうことがあって。様子を見ていると、父にとってはぼくはいつまで経っても息子なんだなとはわかったんです。「生意気《なまいき》いうな」というほうが先にきていて、理屈じゃないんですね。「こうだからそれはだめだ」ではなく、「気に入らない」。それが二十六歳ぐらいの頃でした。いま振り返ると、当時の自分はなんて生意気な息子だったんだろう、と我ながら思います。

＊

少し急な感じでいいましたが、いまの経営革新計画というのは、そういうもので融資が受けられるかもしれないと知った時から、ぼくにはほとんど最後のチャンスのように思えていたんです。ずっと赤字続きでしたからね。売り上げもずっと落ちている中では、銀行に真正面からいって「リニューアルして、お店をよくしていきたいんです」と伝えても、何千万円も借りられるわけがない。唯一、うちが突破口を作れるとしたら、県のお墨《すみ》つきをもらって県知事の承認書をいただいて銀行に交渉することで……ほかに、もう道はなかったと思います。

それで、二〇〇五年の十二月に書類を出したんですけど、その半年ぐらい前に、取次からは純送《じゅんそう》についての連絡がきていた。純送ってわかりますか？　毎月の仕入れから返品ぶんを差し引いた支払いの額のことですが、その支払いがとどこおっています、といわれた。何日かおくれで入金していたんですね、手元に現金が足りなかったので。それで取次の九州支店の担当者からは、このままだと取引はできないと伝えられて、いよいよお尻に火がついたんです。銀行も赤字資金の融資はなかなかむずかしい、といっていました。お金が足りないから貸してくださいはむずかしいですよ、と。

ただ、お金がまわっている限りは、赤字でも売り上げが落ちていてもなんとかなるんですが、取次が商品を送らないとなると、商売が成りたつはずもないので。根本的な手を打つならいまだろうと思いました。苦しいところから抜け出すためにというだけでなく、青山ブックセンターさんのようなお店を作りたいということについても。福岡にブックスキューブリックさんという書店があって、その頃までには交流もあり、尊敬するお店のひとつになっていたのですが、あのような店にするのも、もういま、いちかばちかやってみるしかないと思って計画を練りはじめました。商工会議所には、ちょくちょく相談にいったんです。いま、うちはこういう状態で、なんとかしたいのですが、方法はないでしょうか、と。すごくむずかしいですねとはいわれていたのですが、ひょっとしたら、こういう経営計画承認の制度を使えば、と教えていただきまして。

「経営革新計画」と名前がついているように、いままでとはちがった「革新」のところに重きが置かれている制度なんですね。ただ、書店ではあるけれども雑貨をあつかっているだとか、ギャラリースペースがあるだとか、果たしてその程度で、「革新」と認められるかというとむずかしいですね、と商工会議所のかたにはいわれていたんです。だから、そこはもう書類とともに提出する作文と、あとは熱意と……。

＊

作文のアイデアの中心は、次のようなことでした。青山ブックセンターさんみたいにとぎすまされたお店というのは、熊本のようなファッションデザインなどに感度の高い町には受けいれられるのではないか、ということ。なにかそれをお店で表現したかった。ただ、具体的には青山ブックセンターさんは遠い東京にあり、広さも三百坪ほどもあるから同じものは自店に持ってこられない。そのための能力もお金もありませんので、そこで現実的に参考になったのが福岡のブックスキューブリックさんでした。

二〇〇一年にオープンされて、それはぼくが熊本に帰ってきたのと同時ぐらいだったのですが、翌年に取次の業界誌に事例紹介のひとつとして出ていたんです。カラー写真で大きく出ていたんですが、お店の広さは十三坪という中で、本のセレクトとインテリアやBGMのセンスのよさでお客さんから支持を得ていますという記事を見て、これだと。だから電車に乗って福岡にいって、まず何回かお客として通いました。何回目かに店長の大井(実)さんにお話を聞かせてもらっていいですか、とお願いして、熊本でまさに大井さんのようなお店をやりたいのですが、わからないことがあって……と相談させていただいたんです。

二〇〇三年ぐらいからやりとりがはじまり、年に一回か二回ぐらいは会って話をうかがってきました。お店自体は十三坪ほどで小さいのですが、私には一冊ずつが輝いて見えました。棚を埋めるために本を入れているのではなく、置きたい本があってそれを並べていったらこうなりましたというように思えたんです。大井さんはかならずしもそうはおっしゃらないと感じますけれども。一冊ずつの本とその並びに心を動かされたというか心が躍《おど》ってわくわくしたというか。奥さまがインテリアデザイナーでお店のインテリアを整えたとおっしゃっていましたが、十三坪の小さい中でもそれが気分がよくて、ボサノバかなにかを聴きながら本が選べる。小さい空間であっても一時間ぐらいいても飽きないし疲れない。こういう本屋、いいなと思いました。

うちは百坪ぐらいなのですが、青山ブックセンターさんの三百坪を百坪のサイズに縮めて移植するのってぼくの中ではイメージが湧きにくいのですが、キューブリックさんの十三坪というところからイメージをふくらませて、うちの百坪をどうするかを考えると「いいお店ができそうだ」と実際に感じられたんです。大井さんからは、本屋をはじめるまでの経緯と、やってみたら本は売れるし、福岡の文化的なことに携《たずさ》わっているかたとの輪も広がっていって楽しいよという話をうかがったその「楽しいよ」がほんとうに印象的でした。

ぼくはすごくせっぱつまっていたんですけどね。毎日店で見る、うちのスタッフたちの顔も決して明るくなかったんですけど、大井さんはほんとに忙しそうで楽しそうで、本屋って仕事を満喫していらっしゃる。こんなふうに働きたいな、本屋を楽しみたいなと思いました。当時のうちの従業員は十五人か十六人ぐらいで、まだ外商部もあった頃です。ドライバーがひとりいて、外商担当の事務のかたもいて……そこをどうやって変えたかというと、これはまた大井さんの話に戻ると、キューブリックさんというお店をやっていながら「これは、もうけをねらうような商売ではないよ」とおっしゃっていた。でも、ちゃんとお店はまわっている。

大井さんがいうには、品揃えや企画の内容などをお客さんが楽しんでくれて、「キューブリック、いいですね」なんてメッセージを伝えてくれることがうれしいとのことでした。それに、周囲の人たちが「一緒にこんな企画をやりませんか?」と前向きに声をかけてくれる。そのようなことで、自分のしている仕事が社会に受け入れられている、よろこばれていると感じられるのは精神衛生上いいのだそうでした。それはもう、お金の話だけでいうのならば本屋というのはもうけのいい商売なんかではぜんぜんないのだけれども、そうやって精神的に得られるものは多いんだよ……そうおっしゃっていたのが非常に印象的でした。

＊

では、ひるがえって、うちの当時の状況を見てみますよね。すると、とくにお客さんによろこばれることも少なくて、もちろん店内の会話もあるにはあったわけですけど、ちょっと世間話をしにくる高齢者のかたなどとのいつものやりとり、ですよね。その世間話そのものは、もちろん、町の本屋としてとてもいい光景だろうとは思うんですけれど、大井さんがよろこびを感じていらしたような、たとえば「品揃えがいいね」とか「従業員の接客がすばらしいね」とか、うちの店だからこそ、と名指しでほめていただけるような部分がとくになかったんだな、とも痛感しました。

ただ、毎日、新しい本を入れて並べて売っているという。そこが大井さんのように本を売るよろこびを充分に味わっている人とそうではない自分との差だと思って、直接、伝えもしたんです、ぼくも大井さんのいるそっちのほうにいきたいです、と。そこで大井さんは、ぼくに対しても、ぼくたちの店が抱えている長崎書店の歴史のようなものに対しても「応援しますよ」といってくださいました。

「いまのうちの店に関してはうちの家内のデザインによる部分が大きいから、今度、一緒にごはんでも食べながら家内からも店のインテリアのことを聞かせてあげられると思うし……」

そんなふうにいってくださった。「ぼくの師匠にあたる、鳥取の定有堂《ていゆうどう》書店の奈良（敏行）さんという人がいるから」なんて話もしていただいたように覚えています。ぼくは鳥取の米子市で今井書店さんのやっている、いまはＮＰＯになっている「本の学校」に当時何回か参加してみたんですね。さきほど名前のあがった定有堂さんからは奈良さん、岩波ブックセンターさんからは柴田（信）さん、それからイハラ・ハートショップさんからは井原（万見子）さんと、そうそうたるかたが話をしにこられていてとても充実していました。うちの経営が苦しかった時に参加していたのだけれども、井原さんが「山の本屋にも『かいけつゾロリ』の作者がきてくれた」など地方ならではの取り組みを話されていたり、とにかく聞いていて楽しかったなぁと思い出します。

そんな中で、話題にあがる本屋さんや昔からの定評ある本屋さんには、できるかぎり自分の足を運んでじかに見て、リニューアル計画のヒントを探るという活動もしていました。とにかく、当時、ぼくは各地の本屋さんで、もちろん店のかたに許可をいただいてからですが、たくさん写真を撮らせていただいていたんですね。デジタルで保存しておいても見なくなってしまいますから、ぼくは写真を割とプリントするほうなんですが、その頃から撮っている本屋さんの写真は、いまのところ六百枚入りのアルバムで七冊あるので、まぁ四千枚ぐらいはあると思います。

＊

店がそんな状況だったのに、よくあちこち旅なんてできましたねと感じられたかもしれませんが、むしろ、苦境の中でも「もういやだ、やめよう」と投げたりはしないでいられたのは、各地でそれぞれのかたちで本屋さんが存在できているんだ、こんなやりかたもありうるんだと可能性を見せていただいたからでしかないと思っているんです。普通に考えたら、大型書店の物量やシステムに負けていくだけの存在でしかないのが、うちみたいな本屋なんですからね。

でも、心の中では、どこか中小の書店であっても知恵を使って情熱を投じて、存在感としては大型書店とも充分に渡りあっているところをいつも探していたし、実際にそんな店がいくつもあり、それらに共感しては「自分も」と思っていたというわけです。そのようにして発見のもとにするのは、本屋に限らないんですけどね。ホテルだろうが喫茶店だろうが、自分は歴史や手作り感のあるところ、時代が移り変わっても人に愛されるなにかを内蔵しているようなお店が大好きで利用させてもらうんですが、「この姿勢はうちでも取り入れられそうだ」なんて半分はうちの店のためのリサーチになってしまいもするんですね。そのような観察というのは、いまでもずっと続けていることです。

地元の商店街や小売団体の青年会に入っていますから「研修旅行」という名目でみんなであちこちに出かけることになるんだけど、ぼくは途中で「あ、この時間はちょっとすみません、あの同業者のお店にいかなければならないし、あの美術館や文学館にも寄っておきたいので」と年に数回のその研修会の時間も、可能な範囲でリサーチのためのものにしています。本屋をやることはある時期からはライフワークとして取り組めるものなんだとわかりましたから、それは飽きずに続けられてうれしいんですよ。なにか発見があれば「これはいただきだ」と思いますし、その発見を店に持ち帰ったあとに、「売れた」とか反応があればよろこびますし、なんというんですかね、自分が見聞きしたり旅をしたりしてきたことすべてがフィードバック可能なのが本屋という場所なんですよ。それが本屋のいちばんおもしろいところなんじゃないでしょうか。

本屋であつかう情報の種類って、新刊既刊を含めたらものすごく多いからこそ、自分がどこかの土地にいってみて感動したものを活かせる余地がかならずどこかにあるんです。だから、その感動を書店という自分にとっての仕事の現場で表現してみせることもできるし、しかもそれに反応があるうれしさも反応のなかった悔しさも実地で確かめられる立体的なところがいいんですよね。そうです、本屋ってすごく立体的な場所だと思うんです。敷居《しきい》は低いからいろんな人が気軽に入りやすいけれども、深みや奥行きも作れるから、書店のほうで制限さえしなければ、やろうとすれば、あつかう商品もメインの取次を通さなくても、いくらでもおもしろい出版物や、出版物に留まらないものだってあつかえるわけです。

それから、これはお店をリニューアルしたあとに顕著だったんですけれども知り合う人の量がどんどん増えていくんですよね。当時は未熟ではあったけれどもリニューアルをして、それでまずは「うちはこういう方向にいきたいんです」と姿勢を表明することはできました。すると、その姿勢の表明によって、急に周囲が「長崎書店っておもしろいぞ」という目で見てくださるようになった。それで、熊本の内外を問わずさまざまなジャンルの、それまで出会えなかったようなかたたちとお知り合いになれる機会が激増していったんです。

それは福岡の大井さんに聞いた通りだったんですけど、「この人に会ったらおもしろい話を聞かせてくれるよ」なんていうふうにどんどんご縁がご縁を呼んでくれてですね、いまとなってはおそらく、熊本の本屋の中ではいちばんおもしろい人とのつながりを持っている場所にまでなっていると思うんですね。そういう人たちと仕事以外の時に飲んだりするのもとても楽しい。本屋という場所を持っていれば、もちろんそれがどういう本屋なのかにもよるのだろうけれども、人とのつながりが深まっていったり広がっていったりする……そこに楽しさを見いだすことができれば、お金だけではない価値としてはものすごいものがある、という大井さんの言葉はほんとうだったなぁと思っています。

＊

……あ、でもいまの話って、そもそもまずはうちをリニューアルする時の計画書についてなんでしたっけ。そっちに戻りましょうか。計画書には事務的なものからいろいろなものを記す必要がありましたが、やっぱりいちばんのキモは「なにを新しくやるのか、その代わりになにをやめるのか」の選択ですよね。そこでまずは計画書には「外商をやめます」と書きました。赤字部門でしたし、お店に経営資源を集中しますということです。すでにうまみのある教科書販売などはほかの書店に流れてしまっていて、そうした販売を継続するうえでの管理も当時はきちんとなされていなくて、守りが甘かったんです。

当時の外商といえば個人のお客さんばかりとなっていて、続ければ続けるほど赤字になっていた。とはいえ、長く続けてきた部門でもありましたから、継続的に利用していただいているお客さんに対して、それまでは「外商、やめます」とはいえないままだったんです。でも決断をしなければ、と思いましてお得意先をひとりずつまわることにしました。お店をリニューアルします、もう一回、新しい長崎書店として出発します、そこで外商に関しましてはこれを機に業務終了とさせていただきます、と。つらかったですけれどもあたたかい言葉をかけていただいて涙が出てしまいそうにもなりました。お店も赤字だったけれども外商の赤字はもっと深刻で、しかもお店のリニューアルには相当のお金も使いますから、ここはもうしっかりお店だけで食っていけるようにしなければということでの判断だったんです。

お店の内部に関しても、これまでやっていたけれどもやめるものを決めていきました。リニューアルによって、売り場はかつては百三十坪あったんですけれども百坪に縮小したんですよね。それにともない、たとえば学習参考書のコーナーも前にはそこそこあったんですけれども、それも、もうやめようと。近隣のお店にも学習参考書のコーナーが大きいところがあるし、うちがやらないから地域のお客さんが困るということもないだろうと考えました。それから農業書や工学書など一部の専門職のかたのための書籍も、本格的にやるのならばまだしも、中途半端に棚が二本とか三本とかあってもしかたがないかな、とやめることにしました。

同じように中途半端を廃するということでやめたのはアダルト雑誌のあつかいですね。これも、なにも文化的な店舗を目指すからいやだとかいうことでもなくて、なによりもなぜ入ってきているのかもわからない状態で「なんとなく」並べていたものだったからなんです。過去になんとなくの流れで入ってきた状況が、放置されていた。おそらく、昔の雑誌の担当者が営業を受けて「いいですよ」と入れただけの商品だったのでやめたわけです。同じように青年コミックも棚の何段か、中途半端な状態だけ入っていたんですけどやめました。アダルト雑誌も青年コミックも、実際に売れているんですけど、地域の老舗《しにせ》として再出発するという際に、なにもうちでやらなくてもいいだろう、と判断したわけです。

ほかにもたとえば、競馬に勝つためのノウハウ本は要らないけれども、同じ競馬の分野でも人と馬の信頼関係について触れている本は残すなどといった引き算をおこなっていきました。要するに、外商をやめることにしてもほかのことにしても「すべてをやる必要はないんだ」と考えていたんです。

＊

このような店の中のしぼりこみをおこなうに際しては、やっぱりキューブリックさんを参考にさせてもらいましたね。長崎書店の品揃えの核心に影響を与えてくださっているんです。キューブリックさんは旅やアートについての本をあつかうにしても、売り場の広さからいって刊行されているすべての本は置けないからしぼらざるをえない……というところから出発されて売り場を構成しているので、選びかたが、限られた規模の中で置きたいもの、この店が置かなければならないものと検討していて、姿勢が正しいなと感じていたんです。

そこでキューブリックさんの場合には生活者のために日々役に立つ本であったり、ちょっとものの見かたを変えてくれる本であったり、世界を深く楽しむための本であったりと、せまい空間の中でバランスよく備わっているという結果を生んでいた。ぼくはそれがすばらしいなと思っていました。同じような意味ですばらしいなと感じていたのは、東京の往来堂書店さんでしたね。何百坪あるからあれもこれもというわけではないそれらの書店から影響を受けて、売り場のイメージを作っていきました。

もちろん、町の本屋としては通常の月刊誌や週刊誌はそれまで通り置こうとしましたし、漫画も文庫も売れ筋のものはきちんとあるということにはしましたが、長崎書店を老舗の店として捉え直す際には、文芸書であったり芸術書であったり人文書であったりとかいうジャンルを、たくさんの数ではないけれどもきちんと揃えますよ、という店にしたいなと考えました。あとは女性のお客さんのことを考えて、ライフスタイルについてや、絵本のジャンルは規模の割にはかなり気を遣《つか》って揃えて、とにかく居心地のいい店を心がけようとしたんです。

……と、いままでの品揃えの取捨選択に関しては、店内にいる人にとっては基本的な考えとして大事なんですけど、それだけでは計画書を提出する時の売りというか「革新」とは捉えられませんよね。計画書を審査するほうとしては「それって、まぁあなたのところの品揃えについての考えかたですよね？」といわれて終わりという感じです、いまいったままでは。それでは、「革新」というところをどこで攻めるといったら……新しく作ったギャラリースペースの活用で、でした。ただ、計画書を提出するにあたって相談をした県の担当者のかたからは「これはおもしろそうではあるけれども、革新という点ではどうなのか、通るかどうかはわかりませんよ」とはいわれていたんですが、結局、審査に通ったわけですね。

ギャラリースペースを具体的にはどのように運営することにしたのか？　店全体の設計は大井さんの奥さまからのアドバイスをいただきながら、直接的には奥さまに紹介をしていただいたインテリアデザイナーのかたにメインでやっていただいた。ですから、ギャラリースペースにしてもそのかたと相談してできていきました。もともと、ギャラリースペースにするというアイデアそのものも、店全体の設計を相談する中でいただいたものだったんです。いまは五坪ほどの小さなスペースをひとつの部屋としてギャラリーにしているのですが、そこにはもともと建築の構造物として取りはずせない柱が二本通っていることもあって、棚にしても柱の死角になるし暗くてよく見えないなぁという問題があったんです。それでデッドスペースにしてしまうぐらいならば、柱を壁の一部としてこの空間を囲ってしまって、小部屋にして企画展をできるようにしたらいかがですか、とご提案をいただいたわけですね。

ギャラリーなんてやったことがなかったし、自分に運営ができるのだろうかとは思いましたが、「熊本県内の作家さんの企画展をやったり、県外の作家さんなら本にしたものの原画展なんてやったら有効だと思いますよ」と話をいただいたこともあり、最終的には計画書にもそれをリニューアル計画の核心部分として前面に押し出すことにしました。今後、本を売るだけではなくて小さいながらも文化や芸術、それから情報コミュニティの拠点となることを目指しますというような作文をして、計画書を提出したわけですね。

＊

計画書を書く際にはお店が生き残るかどうかの瀬戸際《せとぎわ》だからつらかったかというと……じつはぼくはとても楽しかったんですよね。それまでに、いろいろなお店を見ては、ここはいいなと思うことがたくさんあったわけです。それを新しい長崎書店に活かしますと記せるわけなのだから、心の中では夢いっぱいなんですよ。途中でいやいやになるなんてことなく一気に書きましたし、書いているあいだもおもしろかったんです。もちろん、数値なども詳しく記さなければならないですから、そのあたりはコンサルタントのかたに手伝ってもらって、何年で何パーセント増といったような現実的なこともまとめなければなりませんでしたけどね。細かい話を記すことも楽しかったんですよ。たとえば本にまつわる資格でいうならぼくは読書アドバイザーと販売士の資格を持っていますけれど、これを五年以内に従業員の全員が取得して、専門職として信頼される店作りをやります、だとか。

そのような計画書で県からの許可が出るまでには、店の営業としてはかなり綱渡りといった感がありました。結果的には二〇〇五年の十一月から県の担当者と打ち合わせをはじめ、十二月のはじめに計画書を提出して申請をして、その月の二十七日や二十八日に許可が降りたのですが、申し込んだ十二月の頭の時点では「今回はむずかしいです」といわれてしまっていたんですよね。なぜかというと、その回にはすでに申し込み上限の十件の計画が決まっているからということで、次回に申請をするようにうながされた。だけど、ぼくはそこはほんとうに申し訳ないけれども、と十一件目の候補に押し込んでもらったんです。なぜかというと……その計画書の申し込みは何カ月かに一回しかおこなわれていなくて、もしも十二月をのがしたら次の年の二月あたりになっていたであろうからです。

正直なところをいうと、県からの承認が降りなければ年を越せないかもしれなかった。リニューアルの計画によって必要な資金そのものも銀行から借りるわけですが、こちらの資金は設備投資のためであって運転資金にはできない。ですが、ぼくは「県からリニューアルのための承認が降りたならば、運転資金の借り入れをすることは可能ですか？」と、設備投資資金を借りる銀行とは別の銀行に持ちかけていたのですね。だから、承認が降りなければ運転資金の借り入れもおそらくできなかったであろう、と想像できるんです。

＊

県からの承認が降りた理由をどう考えるのか、ですか？　うーん、それはおそらく、熊本の老舗だからということで店の歴史に対しての期待だったのではないかな、と思います。ぼく自身に対して信頼があるかといえば、当時とくになにもなしとげていないわけですから。うちの決算書を見た県の関係者のかたからすれば「ぼろぼろのお店、だめな外商」ということはもう明らかだったでしょうからね。県の担当者からしても、銀行の担当者からしても、「よし、応援しよう」と思える要素はほとんどなくて、おそらくぼくの作文を目にして「若造が夢ばかり書いているな」と感じただけだったのだろうとは思います。

でも、相談していた商工会議所の担当者が、ぼくの知らないところで、借り入れのお願いにいった銀行の支店長に事前の連絡をしてくださっていたようなんですね。あとでうかがったのですが、長崎書店から常務がくるから話を聞いてやってほしいと。そのようなことがなければ、おそらく県の承認が降りていたとしても借り入れは無理だっただろうな、ありがたかったなぁとつくづく思いますね。

そもそも、プレゼンテーションのあとにペンディングになったのも、申し込みをしていた十一社のうちで長崎書店だけだったんです。あとはすべてすぐに承認が降りていた。県の課長さんとか商工会議所のかたとか、審査のために十人ぐらいいらっしゃる人の前でプレゼンテーションをしたわけですけど、「これでは数値の面で詰められていないから通せない、ここところは考え直してきてまた提出してください」などと指摘を受けて書き直してようやく認可していただいた。承認が降りた時には……そりゃあ、むちゃくちゃうれしかったですよ。うれしかったですね、やっぱり。

承認をもらえたからといって、かならず銀行からお金を借りられるというわけではなかったのですが、とりあえず道が開けたな、とは思えましたから。改装には数千万円かかる計画を立てたわけで、まだ資材の発注などはしていないにしても、当たり前ですけれども計画を立てる段階でプロのインテリアデザイナーに設計していただかなければなりませんよね。だから、もしも実行できなかったとしてもデザイン料は払わなければなりませんからうちとしてはリスクも抱えていたし、ただ、やるしかないところだからと計画書を書いたものだから、まずはリニューアルができそうでよかったな、とほっとしました。

＊

ただ、店内のデザインをリニューアルできたとはいっても、それだけですぐに従業員の質も含めてすべてよくなっていったとはいえないんです。リニューアルしたあと、三年間ぐらいは新しいお店の考えかたにあわないかたも一緒に働いていましたので、がらっと変化したとはいえませんでした。過渡期には、昔ながらのあつかいのむずかしい従業員もだいぶ残っていたわけです。リニューアルの前にも、パートのかたなどで、この人たちと新しいお店を作っていくのはどうかなと感じるようなかたがたには、「申し訳ないんだけど何月までで……」とお話をしたり、向こうから「やめます」といってこられたかたもいたり。

変化をうながした要素のうちのひとつとしては、リニューアルした二年目ぐらいにおこなった就業規則の改正があげられるかもしれませんね。調べてみたら、もう三十年ぐらい前の就業規則がうちにはそのまま残っていて、誰も見ていないというような状況になっていたんです。ぼくもなにが書いてあるのかわからなかったし、もういまの法律とはあわない部分もたくさんあったので、いい機会だからここできちんと、会社と従業員の双方の義務と権利を線引きしておこうと考えました。要は、こういうことをしたらまずいので懲戒になったりもしますとか、会社に非常に不利益なことをしたら始末書が取られますとか、そういうことをあらためて作り直して、労基署（労働基準監督署）にも同じものを正式に提出しておいたわけです。

会社ですから、どんなに覇気《はき》のない人だとしても「やめてもらえませんか」とは、もちろんなかなかいいにくい。そこはたいへんデリケートな問題ですからね。しかし、直接に伝えないにしても、こういうことをしたら始末書になるんですよと書いて伝えておいたら会社の基準は従業員にもわかるわけです。そのうえで始末書が二枚も三枚もたまってきたら、本人にもなんとなく状況はわかるわけですよ。たぶん、いづらくなるんでしょうね。これまでは社会人としてなにをしたらいけませんよという部分でさえも野放しになっていた部分があったので、そのようなこともせざるをえなかった。

そんなこともあって、少しずつですよね、従業員の雰囲気が変化していってくれたのは。会社としてちゃんと進んでいくためには、そうして内側を固めていくことがどうしても必要でした。最終的には世代交代が進んで、若い従業員とともに元気にやっています。

＊

リニューアルの工事には一カ月半ほどの時間がかかりました。もともと百三十坪だったお店を百坪に縮小して改装するということもあり、工事中は残りの三十坪の小さいところで仮営業を続けていきました。工事中の売り上げはがくっと落ちましたけれども、定期購読を利用されているお客さんには迷惑をかけられませんのでね。工事がはじまったのは二〇〇六年の五月からで、それまでは息をつくひまもなくばーっと突っ走ってきましたし、計画書とともに提出した作文にはそれこそ店の目的などをいろいろと記しましたけれども、仮営業の時ぐらいからかな、だんだんと新しい箱としての店内ができあがってくるにつれて、「肝心の品揃えやギャラリー用の企画、実際にはどうしたらいいんだろう」と焦りはじめたんです。

内容面で未熟なままだったんですよね。大きな方向では、ああしたいこうしたいというのはもちろんあるんですけど、じゃあ具体的にこのコーナーをどうしようとか、あの隙間になにを置いてこの平台でなんのフェアをやろうとか。そういった細部を詰めきれていなかった。いまとちがって、私やスタッフの企画力もまだまだでしたし。それに、うちがリニューアルする事実を知っている版元さんなんてその時点ではいないわけだから、企画を進めるにしても出版社さんとのコミュニケーションもまだこれからという段階で、なにか向こうから提案をいただけるなんて状況にもなかった。

だからはっきりいってリニューアル直後は「とりあえずスタートした」みたいな感じではありました。夢の店ができたはずなのに、理想と現実のギャップに苦しんで……お店はこんなにかっこよくなったのに、中味が追いついていないなぁ、と。そこでよくわかったのは、あちこちのお店をたくさん見てまわったとしても、それだけでは到底まねをできるようなもんじゃないんだ、営業ってそんなに甘くないんだなってことでした。

ぼくが大好きな書店でいうならキューブリックや往来堂書店ということになりますが、そこに出かけておもしろかった売り場を思い出したり、棚にはあんな本もこんな本もあったなとメモをして同じ本を揃えるのなら、簡単です。でも、それをやるだけでは充分ではないというか、表面をなぞっているだけなんですよね。本屋なのだから棚には動きが出てくるのですが、上辺《うわべ》だけのまねでは次に動いていけない。

　キューブリックでいえば大井さん、往来堂書店でいえば店長の笈入《おいり》（建志《けんじ》）さんは、もっと深いところで著者やテーマを捉えているし、築いてきた版元さんとの関係などもあるからこそ、その時に即した動きを加えていてすごいわけです。それがあってこそ、次に置くべき本、というのをちゃんと選び続けていくことができる。うちは、まずは表面だけであこがれて、あちこちのお店のいいとこどりみたいにしてリニューアル後の営業をはじめたわけですけど、毎日、売り場を作りかえながらアップデートしていくのに必要な、店の核にあたる部分が充分には育っていなかったんだな……と痛感したんですよね。

　だから、リニューアルしたあとには、ちがう意味でものすごくきつくなりました。毎日の仕入れからして自分たちが問われているわけですから。ちょっと朝、店にいくのがこわくもなって……。その頃にはぼくは仕入れのうちの三分の一ぐらいは担当していたのでいままよりは幅広いジャンルを見ていたわけですが、ほんとうに少しずつ、売り上げを見ながらなんですよね、「うちではこういう本が売れるんだ、お客さんに求められているんだ」と現実と理想の折り合うところを見つけていったのは。たとえば、松浦弥太郎さんのある本なんて累計で三百冊ぐらい売れているだとかそういった自店独自の特徴を、リニューアル後の三年ぐらいで把握していって、それでようやく誰かのまねに留まらない、主体的な企画の作りかたができはじめていきました。

するとちょうどその時期に、「ここはなにかちがうと思ってきました」とか、「本屋で働きたいというわけではなくて、長崎書店で働きたいと思ったんです」とかいって入ってくれる新しいスタッフがぽつりぽつりと増えてきてくれて、人員の交代も進んでいったというわけです。いまいるスタッフは社長であるぼくのほかにはアルバイトも含めて十一人で、ぼくの入社前からいるのはそのうちふたりだけです。ぼくが幼少の時からうちで働いてくれている経理のかたと、ぼくより二歳上で入社の一年前に入ってきたかたのふたり。店は二十代と三十代で構成されています。

＊

リニューアル後の客層についてはどう考えているのか、ですか？　そもそも、リニューアル前にはこれといった客層というものはとくになかったですよね。学生さんもきていればおじいちゃんおばあちゃんもきてくださるといったようにばらばらで、しかも目的を持って店にきてくださるというよりは「ただ、なんとなくきている」という雰囲気だった。リニューアルをしたあとは、はじめは外見のデザインのよさに引っぱられてだと思いますけれども、明らかにちょっとかっこいいなと思うような人だとかおしゃれな人だとかの来店が増えてくれた。それはうれしかったんですが、同時にそういうかっこよさだけを求めてはいけないなと教訓にしているような出来事も経験したんです。

リニューアルして一年ぐらいの時期に、ある親子連れのお客さまがいらして、絵本のコーナーはどこですかと訊かれたのでご案内したんです。絵本のコーナーはその時点でもうちではきちんと作りこもうとして気にかけていましたし、版元でいえば福音館書店などを中心とした定評のある内容のよい本を置いていこうとしていたので、「いいものが置いてありますよ」みたいなつもりでお連れしたんですよね。二十代後半のぼくなりの、気負った考えかたが強く出すぎていた棚だったのかもしれません。するど、売り場を見ていたお母さんがぽっと「なんか、まじめな本しか置いていないんですねぇ」とおっしゃった。

いわれた時には、申し訳ございませんとお伝えしながらも反射的には「この棚のよさがわからないなんて」と思ってしまったんですけど、あとですごくへこみもしたし、やっぱり最終的には自分が間違った自意識で売り場を作っていたんだなと気づかされたんですよ。売り場って自意識で作るものなんじゃないよな、地域のみなさんとつながっていく町の本屋なのに、おれはなんでよそゆきの店を作ろうとしていたんだ、と。だからいまでは絵本のコーナーに『アンパンマン』や『プリキュア』のシリーズだとかいったテレビアニメで人気のものも置いていますけれども、それって地域のかたがたが親子連れで日頃から通ってこれるような普段使いのお店にしなければ、と反省したからなんです。

おしゃれな人がきてくれるのはウェルカムなんだけど、その方向だけに進んで美術館みたいなお店にしてしまってはいけなかったんだな、と。だからもちろん福音館や岩波書店から出ているような定評のある絵本は引き続き置きながら、「こういう本もありますよ」と売り場を通して控えめにすすめながらも、ぱっと買いたいと思われるような売れ筋の絵本も揃えておこうというふうに変化させていきました。お客さんが欲しがるような何十万部と売れるような本を置かなければ町の本屋としては失格だし、ただその一方では千部や三千部ぐらいの発行部数の本だって一冊ずつ売っていくということも同じぐらい大事にしていこう、両方を楽しんでもらおうというううちの方針は、少しずつはっきりしていくようになりました。

＊

ですから、もちろん百万部を超えるような本を確保するための努力はしました。そのようなベストセラーって、大型書店に比べてうちにはなかなか入ってきませんでしたからね。だから、これは最近ですけれども中小書店によって立ち上げられた書店グループのＮＥＴ21に加入してそこから本を仕入れるようにしたり、あるいは逆に取次であつかっていないような小規模な出版とされるような本でも、これはというものがあれば神田村など小取次（東京出版物卸業組合）を利用して取り寄せたりもしているわけです。

それで人文系の出版社さんには「うちは冊数でいえばこの本は二冊しか売れないのかもしれませんが、しかし、これだけの内容の本が二冊ちゃんと売れていくということこそがうちの店の潜在力なんだと信じているんです」と伝える。こういった時には、ぼくはただ思ったことをいっただけだったんですが版元さんに「そんなことといってくれる書店さんは、いまはありませんよ」とよろこばれました。人文系の版元さんに「二冊も売れましたよ」と伝えると「よその書店では二冊しか売れないといわれるんですけどね……」という反応もありましたが、でも一冊二冊と存在感のあるものが売れていく書店っていいですよね。

専門的な雑誌にしても、たとえば岩波書店の『思想』とか『科学』とか、たいていは月に一冊、二冊売れたらばんばんざいといった本もうちはあつかっているんですけど、やはり大事なものとして仕入れ続けさせてもらっているわけです。『思想』にしても、売れるのは毎月一冊かもしれないけれども、見にくる人は、ひょっとしたら三人や四人はいるのかもしれない。すると、「思想」を見にくるような人は、それこその月の人文書の新刊がうちの中にきちんと置いてあったらそちらにも寄ってぱらぱらと本の中を見て、「あ、こんなのが出たんだ」と買ってくれるかもしれない。だから、たとえばそうした『思想』なり『科学』なりに関してはまず目の前の売れたかどうかだけでは判断してはいけないと考えています。

定期刊行物である雑誌というのは、内容がとぎすまされているほど、ある特定のジャンルの本をきちんと買ってくれるお客さんを、お店の中に連れてきてくれるんですよね。それは売れ筋の女性誌が毎月五十冊と売れるというようなものと一緒にはしてはいけないと思っています。

そのあたりの方針にしても、雑誌についても同じなんですよね。ベストセラーを切らさず仕入れる努力をしながらも、少部数しか売れないんだけれどもこれは大事という本と雑誌にも目配りをおこたらない、パワフルな仕入れと細やかな仕入れと両輪があっての売り場だと考えています。景気がいい時代ならば、ベストセラーと売れ筋を置いて、みんなで同じものを消費していればそれでよかったのかもしれません。ぼくはお店がそのようにすればうまくまわるという時代は経験していませんから、やっぱり前と同じような、ほかの店と同じようなことだけしていても売り上げは落ちていく一方だろうなぁとは実感しています。そこで「少部数の雑誌だけど、ここにはかならずあるから」というようなお客さんとのつながりも、よくあるタイプの店のありかたに対するテコ入れのひとつだと考えているわけですね。

ギャラリーの展開に関しては、熊本県の作家さんを中心とした原画展をおこなったり、たまにはトークショーを開催してみたりと手を入れながらやってきたわけですけど、イベントという点で印象も強かったしうちならではの仕事をおこなう転機になったなと感じられたのは、二〇一〇年の十一月にやった松浦弥太郎さんのトークショーですね。

イベントの数カ月前に、九州地方の書店が参加する取次帳合書店のための商談会があって、そこには出版社も百社ほどきていました。ホテルの広いホールを借りているからそこで各書店は出版社と商談ができるわけですが、そこに、松浦弥太郎さんが雑誌の編集長をなさっている暮しの手帖社さんもこられていた。ぼくはだめもとで相談しにいったんです。うちの販売データをプリントアウトしてお渡しして、うちのお店では『暮しの手帖』は毎月かならず何十冊と売れています、松浦さんの本はこんなに売れています、熊本にはファンがいますから、二年後でも三年後でもいいですから、ぜひ松浦さんにイベントにお越しいただきたい、と。

お越しになっていたのは営業のかたでしたが、かならず伝えますといってくださり、実際に数週間後に「十一月にいけます」と話がぱっと進んでいった。もともとうちのお客さんに受け入れられているかたのイベントですから、告知して三日間ほどで百五十人の席はすぐに埋まって締め切らざるをえなかったんだけど、いらした松浦さんからも「お気持ちがうれしかったので」といっていただけたし、お客さんの何名かは福岡からわざわざきてくださるほどの熱気だったし、なるほど、こういう新しい挑戦をすればお客さんによろこんでいただけるんだな、というぼくなりの手応えをとても強く感じることができたイベントになってくれたんです。重要な転機のひとつでした。

*

お店のリニューアルをしたあとに、取次との関係はどうなったか、ですか？　正直なところ、リニューアルの前にはそうとうきびしかった。だから、計画を立てるところから相談なんてとてもできなかった。もう、これ以上に支払いがおくれたら、本を送りませんけれどもどうしますか、といわれていた時期でもありましたから。もしも伝えてしまえば、そんな改装できる資金があるならそれで先にうちに払いなさいといわれるんじゃないか、と……。ぼくが描いていた順番としては、外商をやめてお店をリニューアルして、新しくお客さんにきていただいて、お金がちゃんとまわるようになってからでなければ、運転資金を追加で銀行から借りられないというものでした。つまり、まずはリニューアルをして、お店の土台をきちんと立て直したうえで状況がよくなったら取次にもお支払いする、と。

でもこんなこと、事前にじっくり打ち合わせする時間もないし理解もとても得られないだろうなと思っていたので、失礼ながらもどうしてもいえないまま工事を進めざるをえなかった。はずかしながら、数十年の累計で何千万円と未払いがあったんですよね。もちろんこれらはまぎれもないうちの負債なのですが、それなりの事情がありました。しかしやはり自分たちの主張があるのならば払ったあとでいうべきだろうし、未払いをすべて払いきったあとでこそ、取次とおたがいにものをいいあえるパートナーとしての新しい関係が築けるだろうと考えていましたので、なんとしてでも払うぞとは決めていました。

また、当時の取次の九州営業部長、九州支店長、当店の営業担当者が、ぼくの支払い計画を信じてくれて、辛抱強く待ってくださったことも、大きな励みになりました。実際、リニューアルして三年目に取次にこれまでの未払いの全額をお支払いすることができたんです。これは、二年間ほど毎月銀行に通って相談して、融資してもらってようやくできたことでした。銀行の担当者もそうとう渋っていたのですが、取次との関係改善がうちとしては大事で、支払いを済ませなければ仕入れの改善、つまりちゃんと売れ筋をたくさん送ってもらうようになんて要望もいえないし、きちんと品物が入ってくるようになればお客さまもちゃんとついてくれるようになるし、長期的なうちの店の継続発展にはまずは支払いが欠かせないということを説明し続けて融資をしてもらったわけです。

ぼくとしては、ああ、これでようやく取次と建設的な関係が築けるぞ、とほっとしたものでした。もちろん、書店経営者のかたの中には、「取次からはある程度はお金を借りておけ」という主張をお持ちの場合もあるかとは思います。しかし、うちはこれまで、少なからぬ未払いがあったからこそ、取次になにものをいえない状態になっていた。もう、このあたりは気持ちの問題としてもまずはすべて支払わなければと思っていたことなんですよ。うちが不満に思っていることだって、支払ったあとになって「これからようやくしっかり相談できるようになるだろうな」と思ったし、実際にそうなったものでした。取次のほうでも、それからあとにはうちに対してもそれなりの対応をしてくれるようになりましたし。

この「すぐに支払うのかどうなのか」に関しては両親とも何回も話しましたね。たとえば取次への支払いに対する意見にしても、家族だからといって一枚岩かといったらそれぞれちがいましたから。のちのち、ほかの商売をやっているみなさんから、家族経営についての話をうかがっていても、やはりぼくが直面したようなむずかしさを体験されているようでしたけれどもね。ぼくのいまの社長としての経営に関しても、両親と意見の分かれるところでは進捗《しんちょく》がゆっくりでも少しずつ前へ進めています。

まぁ、でも、ぼくが社長として家業を継げている事実自体はいいことだとは思うんですけどね。もともと、ぼくが大学を中退して実家に帰ってきたことのいちばんの目的って、両親があまり心配をしすぎないで暮らせるようにしたいということでしたから。だから、ぼくとしては両親といろいろ意見を交わしながらも、大事なところでは家族それぞれの心情を考えながらやっていくことにしています。

スピード第一で合理的に経営を進めていくということでいえば、それはぼくの主張だけでできるならばいちばん話も早いんですが、家族経営というのはあまりにもひとりの考えかたで押し切ってしまうと結束力が弱まる面も出てくるというか、空中分解してしまいますからね。かといって、家族がみんなで仲がよければそれでいいというだけでもなく、一方では就業規則だってちゃんと設定している小さな企業として、きちんと手を打たなければ、と考えています。

＊

スタッフの力が、現時点のうちでどのぐらいの水準にあるのかについては……正直なところ、ぼくも含めてまだまだ足りないところもあると思います。でも、売り上げも着実に伸びている手応えはあります。だから、まだまだではあるけれどもみんなでじっくりやっていければいいんじゃないかと考えていて。最終的には、心の部分で一緒にやりがいを感じてもらって、おもしろがって「仕事をやっていこう」と思ってもらうようになるのが理想です。

いま、どういうスタッフがいるのかについては……ナショナルチェーンの大型書店で働いた経験がある人たちがいますよね。それから、喫茶店で働いていましたとか、高校の時は通っていましたとか背景はさまざまです。そうしたみんなを束ねるうえで、社長としては経営面ではなにを考えているのかというと、売り上げと利益を上げようということではあるんです。それがなければ、五年後、十年後も営業を続けるということはむずかしくなりますから。いまいったのは経営面の話ですけど、売り場としてはやっぱり町の本屋としての理想のイメージが、やっているうちに少しずつはっきりしてきてもいるんですね。それが、ぼくが手応えとして感じているところです。

言葉にしてしまうと当たり前だと思われるのかもしれないのですが、ぼくなりに考えている長崎書店のモットーというのがあるわけですね。敷居は低く、間口は広く、奥が深くて質の高いお店を作ろう、という。町の本屋さんの中には、たしかに親近感という面ではいいところが多いとは思いますけど本屋さんという専門店の中の、書店員という専門職としての知識やセンスがまだ追求されきっていないのではないかと考えているんです。うちでいえばギャラリーを運営するにあたって、作家や版元のかたがたに「こんなにまでやってくれるんだ」という企画力はとくにないという本屋のほうが多いでしょうから、そこをなんとか開拓していくべきなんじゃないか。

もちろん、それは「しなければならない」というものでもない。でも、そういうところから質を高めていくと、お客さんがよろこんでくれたり、「この本屋が好きだ」といってくれたりすることにつながるんじゃないかと考えているんです。電子書店や電子書籍がリアル書店や紙の本に比べてうんぬんという話はよくありますけれども、それらを議論する前にやるべきことがまだまだたくさんあると捉えているわけです。

たとえば、地域の本屋としてという視点。熊本にあるうちのような店からしたら、石牟《いしむ》礼《れ》道子さんや渡辺京二さんの本は地域と歴史について語るうえで欠かせないわけです。ですから、そうした作家の本をきちんと見せる。そうしたことひとつ取っても、熊本の本屋でさえもそうした作家を大事にしているところってなかなかないですから、うちのような中小の書店にやれる隙間もたくさん残っているわけですね。

＊

うちの商店街は、もともとは五高（現・熊本大学）が近くにあって、学生の町として発展してきた経緯があります。創業百年を超える店が十店ほどあるというところですね。マンションも多く、安全で、ほどよい規模の商店街だと思っています。ただ、地域の中心の商店街とはいえるのですが、ほかの土地に出かけたりすると、いま、どこでもそうした昔からの中心商店街というのは曲がり角を迎えているのだなぁとは感じます。

ぼくも商店街の理事として運営に携わっていることもあって、地元の青年会の集まりなんかでほかの地域の商店街に視察にもいくんですけど、それぞれの土地の中心街ってたしかに「ここは昔から栄えていたんだろうな」と感じさせる痕跡《こんせき》が残ってはいるものの、しかし、おそらくここからは少し離れたところに新しくできたショッピングセンターだとかに、このへんに住んでいる多くの人の足は向かっているのかななんて感じざるをえない面が目に見えることも多いんです。

実際にうちのまわりだってそうなっているところはあります。そのように日本の地方の商店街の運営がむずかしくなってきてからも、補助金などの制度でなんとか維持はできているところなのかもしれませんけど、この補助金というものひとつに関しても使い道としてきちんとなされているかといえば、そうといいきれないのかもしれないわけです。もちろん、アーケードのような公共的なものを補修することができたりする点ではありがたい。しかし、補助金がちょっと「昨年もやったから今年もやろう」と形骸化《けいがいか》した地域振興のために使われるなどしていたら「もらった予算を消化するための活動」になってしまって根本的に地域をうるおすことにはならないかもしれない。多くの地方都市をまわっていてそう感じるんですが、この状況って、うちのような中小の書店はもちろんのこと、個人経営の店のありかたや問題点ともやっぱり似ているとは思うんですよね。

だからぼくは書店にも、商店街にも必要なのはおそらく「ここを目指します」となにか芯《しん》になること、こだわりなんじゃないかと思っているんです。こういう価値を提供するのだという志があってはじめて商品なりサービスなりに対してお金やエネルギーを正確に注ぐことができるのではないかな、と考えています。そうしないと状況を打開するようなことにはならないというか、「なんとなくやってみただけの企画」になってしまうような気がします。

いつも思うんですが、魅力的な商店街というのはおそらく魅力的なお店の集合体でしかないんですよね。そしてその観点は、魅力的な本屋とはなにかにも活かさなければと思っています。魅力的な本屋にしても、つまりはおそらく魅力的な本の集積だろうから、そこでは本の見せかたの技術であったり、本の内容を効果的に伝える企画力であったりが肝心になってくるのではないかと思っているわけです。うちの商店街はもともとはかなり集客力があったはずですが、少し離れたところにショッピングセンターができる前に比べたら、人の通行量はかつての六割ぐらいになっています。これに対して商店街としてはそれなりに危機感を抱いているんですね。

そういう状況にともなって、以前だったら人気の地域だったために路面店に空き店舗ができてしまうことはまずなかったのだけれども、最近ではそれが空いてきてしまっている。その空き店舗をたとえばコミュニティスペースにしても、やっぱり本質的な解決法にはならないような気がします。空き店舗が出てきて、それまではオーナーさんがじかに商売していたところを人に貸すようになっていくと、お店が営業しているとしても、町への帰属意識がどうしても薄くはなりますからね、オーナーみずからが住むとかその場所でお店をやるとかそういった地域との一体感が大きいんじゃないかなとぼくとしては心配しているところです。

＊

リニューアル後のお店のレイアウトがどうなったかについて、ですか。まず、週刊誌や子どものための学年誌などは外に置いています。あとは外にショーケースがあって、そこにギャラリーでおこなう原画展やイベントなどを告知できるスペースがある。それで店内に入るとすぐ右側に文芸書と人文書が置いてあり、左側に芸術書が見える。このあたりは、長崎書店としての「うちは、こういう書籍に力を入れて、きちんとしたものをあつかっていきます」という姿勢を表明しているわけです。

そこを通り過ぎてさらに左側に入ると、窓際にファッション誌が置いてある。店の中ほどにまとまった雑誌のスペースを作るというのは、ぼくが往来堂書店さんが好きで参考にさせてもらってやったことです。さまざまなお店がある中でうちとしては、大きすぎず小さすぎず、つまり大型店には出せない味、小規模店ともまたちがうものを提供できるのではないか、大型店舗小型店舗どちらからもいいところを取り入れられるのではないかと考えているんですね。そこに、ぼくなりの可能性を感じています。

町の人たちからは「わが町の本屋」という親近感を持ってもらいたいし、ここにきたらおもしろい企画があって期待もできるというところまでいけば、「町の本屋の最高峰」を目指すことができるはずなんだ、と思っています。そんなすばらしい店を目指すにはまだまだ改善が必要ですけど、うちの立地と規模なら目指せないところではないですから、なんとかしてそこに向かっていきたいですね。

うちは、大型化は目指していません。複合化や多店舗化も目指していません。しかし、いまいった「町の本屋」というワク、その山のてっぺんは目指してもいいはずだと思っているんですよ。……おおげさなことをいっているなと思われるかもしれませんが、ぼくはこれはほんとうに思っていまして、どこの山のてっぺんを目指すのかというのは、それがどんな境遇、環境の本屋であってもある程度営業を続けていればどこかでぶつかるところなんじゃないかとも捉えているんです。そうでなければ、自分たちの提供する価値がわかりにくくなるから。

もちろん、経営的な事情から「まずは、短期的にまわしていかなければならないのだから」とその日その日に精一杯というところもあるでしょうけれども、そうした「われわれはなにを価値として出すのか」については、店を続けていくならかならずどこかで向き合わざるをえないんじゃないのかなと思います。ぼくたちでいうなら、いまは「町の本屋の最高峰を目指す」という目的を切実なものとして感じられているからこそ、本のことをもっと知ろうとか、世界の本屋にも興味を持って、たとえば外国に旅行に出かけた時などにしてもそうして世界の町の本屋さんに興味を持って訪ねてみるとか、この熊本という場所に軸足を置いてお客さんや地域のことについて理解を深めていこうとかいう姿勢が生まれてくるものなんです。

それこそ、大型店特有のシステムによる本の管理や配送だとか、ポイントカードのシステムだとかはないわけですし、できるわけもないからそもそものあたりは目指すべきでもないし、つまりぼくたちにとっての仕事の本質というのは「町の本屋の最高峰」という目的に照らし合わせれば見えてくるものだと思っています。これだけ本屋の売り上げがきびしい中では当たり前なのかもしれませんけれども、ついつぶれないようにと抜本的な解決策を先延ばしにしてしまいがちなところから抜け出すには、ほんとうの目的に照らし合わせなければならないように考えているんですね。もう、ぼくとしてはこのワクの中でやるしかないし、このワクさえ着実に地道にやり続ければ、スタッフだってきっと育っていくし、いくら電子書籍やネット書店がさらに大きな位置を占めるようになっても、地域の人にとってじかに会話ができて親近感のあるリアルな書店ならではの価値を伝えられるのではないでしょうか。

　素敵なスタッフがいて、おもしろい売り場にいい企画がいつもあれば、うちの重要性は増すばかりのはずなんです。あそこにいけば、なにかのヒントになるものがかならずあるし、きちんと価値のある本が並べられている、となれば、なくてはならない場所に育つ。もちろん、そうなるには時間はかかりますから、すぐには効果が出なくても、いまはまだ未熟ではあっても少しずつ体現させていくようにできればいいな、と思っています。それに、そうして自分らしい夢を持つことができてからは、ちょっと強くなれたような気もします。

　なによりも、いろいろな土地の書店を見せていただいたり版元や取次のかたがたから教えていただいたりしたことを恩返しができるのだとしたら、そのように自分なりの山のてっぺんに挑戦することでしかないとも思っているんです。「こういうありかたもできるんだ」というのを、苦しい業界の中でも見せられたらうれしいし、それがゆくゆくは町の本屋さんとしての新しい時代のスタンダードのひとつになればいいと考えているんですよね。

＊

うちがいわゆる「町の本屋の最高峰」を目指す中だからこそできた企画はなにかあるのか、についてですか？　あります。たとえば、うちが力を入れて毎年内容を更新しながら作り続けている冊子があるんですよね。文庫本の大きさの冊子の中には、こうして百人のかたがおすすめする本とその本にまつわるエピソードが載っているんですが、見ての通り、大手の出版社さんによる夏の文庫フェアの冊子のパロディのようなものとしてはじめたものです。熊本出身のかた、熊本在住もしくは、熊本にゆかりのあるみなさん百人に登場していただいて、それぞれ本の話を語ってもらいました。この企画をはじめたのは、お店をリニューアルしてギャラリーを運営していたからだったんですよね。

ギャラリーでさまざまな展示や企画をおこなうようになると、いろいろな熊本関連の作家さんやメディアのみなさんとつながりができた。そういったかたがたとのご縁を、企画としてなんとかしてかたちにしたいなぁと考えたんです。それこそ最初の冊子から熊本市長さんや小山薫堂《くんどう》さんをはじめそうそうたるかたに登場していただいているんですが、熊本にご縁があって芯を持って活動をされているみなさんにこの企画へのご協力のお願いにいったのは非常に有意義な経験になりました。うちのいいところはそうして町にゆかりのあるかたを紹介できるばかりではなく、お店がありますから紹介していただいた百冊をフェアとしてすぐに買えるようにもできるという点ですよね。それをやったら、一カ月で千八百冊は売れたんです。

あれはうれしかったなぁ。表紙のモデルも熊本出身の女の子で、それを撮るカメラマンも熊本のかたで、とメイドイン熊本を意識して作ったんです。リニューアルしてから激増した人とのご縁で「ほかではこういう面子《めんつ》は揃えられないな」という熊本の人たちの笑顔と言葉を、たくさん掲載させていただいた。町の本屋として、このすばらしい人たちとなにかできないかな、としばらく思っていた中で実現できたことだから、百人ぶんの言葉を集めるぶんだけエネルギーが要る企画でしたが、うちにしかできないものをはじめてできたような気がして、ほんとうに充実感がありましたね。

これ、いまぱらぱら見ていただいていますけれども、熊本以外の地域のかたにとってはもしかしたら「一割か二割は見たことがあるけれども、ほとんど知らないかたばかりだな」と思われるかもしれませんが、それもまたいいんですね。熊本に住んでいたら、掲載されている人のうちの三割か四割ぐらいのかたに対して「お、この人も載っているんだ？」みたいに思えるんですよ。そういう地域の人にとっておもしろいものを伝えられるのも町の本屋の役割のひとつだろう、と思っています。

この冊子、初回はカラーで七千部ほど刷りました。まぁ毎回それだけの量をカラー印刷で配っていたら赤字になってしまいそうだとなりましたから、その次の年からはモノクロ印刷にしていますけれどもね。ただ、この企画は毎年リニューアルして秋に発行するということで続けているんです。メンバーは全員入れ替えさせていただいているので、いまのところは「ライフワークのように続けたいな」と思っています。もしも二十年間ほどやったとしたら二千人の熊本の人の横顔と、おすすめする本のことを読める冊子になっているわけで、そうなれば、この熊本という地に足をつけた本屋としてぼくたちが出会ってきた人たちのアルバムのようにもなってくれるのではないかなと考えているんですよ。

＊

スタッフに対して手応えを感じている側面について、ですか。みんな、がんばってくれていますが、とくにひとり、うちならではの仕事をしてくれているおもしろい人物がいます。もともとはうちの近所の老舗喫茶店で七年間、ホール係をやっていた男性なんですけど、こいつはすごいなぁと思っています。店にいる時間だけでは情報収集ができないからといって家でも本のことを調べてきてくれていたり、とにかくこつこつとがんばってくれていて、人文系や文芸系の出版社のかたからも信頼されはじめている。売り上げという面からだけでいっても、たとえば文芸書は彼が担当してからおそらく六〇パーセントほどは多くなっているんですよね。

東京堂書店さんでかつて店長をされていた佐野（衛）さんの書かれたものに『書店の棚　本の気配』という本がありまして、そのタイトルの中にある「本の気配」って、まさにいまいったスタッフが感じとっていることそのものだなと思っているんです。本の気配を感じとりながら棚を作り売り場を作るセンスがあるんです。これはばかりはセンスが必要なのだなぁと彼の仕事を見ていたら感じますね。

彼は、五千円や六千円の人文書も、その棚作りによってしっかり売っていますからね。彼の動きがあるから、一般的な本屋さんでは高くて売れないからと敬遠されるような本でも、お客さんに届きやすくなっています。しかもそういう姿勢でいい本を置き続けられていたら、「ここにはいい本があるかもしれない」というお客さんからの期待も得られるだろうと思うんです。よく一緒に出張にいくんですが、すると彼はいい本を見つけてもくれるんですよね。東京にいくとふたりでバーゲンブックスといわれる、出版社さんから見切られた本、定価の二割や二割五分ほどで処分されていく本を見にいくんですが、彼はそこですごい本を見つけてくるんですね。

うちではそうして神保町の八木書店という取次まで買いつけにいって、あるフェアをやったことがあるんです。八木書店は地下は百数十坪あるところがバーゲンブックスで埋めつくされていますよね。あそこでまるまる二日ほどかけて六百冊ほどの選書をしまして、それらの本に「グリーンブックス」という名前をつけて販売するフェアをやりました。本はもともとは樹木からできるわけですけど、読まれないまま捨てられるのではなくて、少し安い価格でも人の手に渡ることによって、その樹木としての命をまっとうしてもらいたいみたいな意味でつけたフェアで、うちのギャラリーで開催したものなんですけど、それが売れに売れて、最終的には四十四日間で千三百冊ぐらい売れました。最初に選んだのは六百冊だから途中で四回追加で仕入れにいったほどの盛況だったんです。

これも、その男性のスタッフの本に対する思いの賜物《たまもの》だと思っています。ほんとうなら出版社さんに見切り売りされている本なのだから苦戦するはずなんですけど、その中からちょうどうちのお客さんにあう本を選ぶセンスが彼にはあるんですよね。定価だったら買うのを控えざるをえなかったというようなものも、内容がよくてということで売れていくものなんだなという事実も目《ま》の当たりにしました。一冊なら定価の半額、二冊なら定価の四割とまとめ買いを誘発するようなフェアにしたのですが大成功でした。四割で売ったとしても、二割で買った本だったら利益にはなりますからそのようにしたら、ひとりで十冊買ってくださるなんてことも頻発《ひんぱつ》して。

そのグリーンブックスの中でとくに売れた本はなにか、ですか？　百冊ぐらい売れたのが、定価が六百円ほどの花や空や自然にまつわる言葉を集めた文庫本で、これはもともと定価の際に苦戦したのでバーゲンブックスに出ていたのかもしれませんが、これはうちでは仕入れたぶんだけどんどん売れていったんです。価格によって爆発するような本もあるのだな、と感じましたね。それから、箱入りで売られていた九千円ほどのマチスのデッサン集も五冊は売れました。これに関しても内容はすばらしかったけれども価格のためなのか、毎月いろいろな本が入ってくる中で返品されてしまったのかな、なんて思いながら売っていました。世の中には本来ならば読者に出会えているはずの、そういうもったいない本がたくさんあるのだと思います。

いま話をしてきた男性の店員には、本に対する深い思い入れをもとにして、ほかの書店で働いていたらできないような動きもしてもらいたいなと思っています。だから、本の並びも自由にやってもらっています。すると、自分で細部まで考えてこの本の隣はこれだ、と意図のある棚を作ってくれているんですけど、名前のはじめのあいうえお順で並べているわけではないから、ほかのスタッフが本を見つけにくくなることもあるわけです。ただ、彼の中では必然性があって並べていて、それは自己満足ではなくてお客さんを楽しませるためにやっているのだから、店側の都合のいいように、在庫を調べやすくするためだけにほかの書店と同じような並びに戻すことはしたくない。

だから、そのことについてはほかのスタッフもその男性の意図を理解するように棚を見ておくなり、その男性のほうからもほかのスタッフによく意図を説明しておくなりするようになるといいな、とは伝えています。コンピュータで「在庫あり」となっても見つけられないほかのスタッフの焦りはわかるのですが、だからといって誰にだってできる仕事にしていたらうちの特色は出てきませんから。棚を見て「いい並びだな」とお客さんに感じていただくことや、「いい本を入れているな」と感じていただくことって、店の長所のひとつだと思います。そのすべては買わないかもしれないけれども、なにか一冊を買うに至るまでには、そのまわりに並んでいる本に影響を受けているはずですからね。

＊

「町の本屋の最高峰」を目指すにあたって、うちはいわゆる外商はやめたといいましたが、その代わりに地域に根ざしてやりだしたことがあります。信号を渡らないでいける範囲にある事務所や商店には雑誌などを配達しにいっているんですよね。そのあたりは町の本屋として、同じエリアの中でもいちばんでありたいなと、外商をやめたあとに考え直したんです。外商をやっていた時期は、むしろそうした近隣のニーズには応えきれていませんでしたから。

車を使った配達はしていないけれども、地図を広げて、あ、ここには美容室があるぞ、ここには歯医者さんがあるな、と一軒ずつ調べて営業しにいって、それで店に並べる雑誌をたくさん持つのも重くてたいへんだろうから、とうちのスタッフが背中に「長崎書店」と記してある法被《はっぴ》を着て配達にいくんです。信号を渡らない範囲とはいっても商売をしている人が多くて住環境も充実している地域でもあるから、配達の需要はあるんですね。ヘアサロンにしても、信号を渡らない範囲に限っても五十数軒ありましたから。配達だけでもそれなりの売り上げになるんです。

しかも、さきほどスタッフは法被を着ているといいましたが、地域のデザイナーさんに頼んで設計していただき、家具屋さんに作ってもらった木でできた特製の台車を引いて出かけるんです。そうやって、いい意味で地域のみなさんに「お、長崎書店だ」と注目される存在でありたくてそうしているんです。

外商も、もともとは地域のかたがたを対象にしていたはずなんですが、本屋にとってていい時代に拡大していって、そのうちに何人も専属のドライバーを雇ったり事務を雇ったりする中で近隣のニーズに対して消極的になっていた。そこの赤字部門をやめるのならば、かつてのいちばん小さい範囲の配達というのを復活させてもいいのかな、と考えました。

熊本の地域の特色ですか？　うーん、もしかしたら求められていることとは関係ないことかもしれませんけれども、ちょっと内向きのところがある気がします。そうでありながら、「九州では第二の都市」と、福岡に次いで第二の都市なんだということを割と多くの人が誇りに思っているところがあって……。いまの若い人たちはもっと開かれているだろうとは思いますけど、ぼくよりもさらに上の世代では、熊本の地域の中でどこの学校に通ったのか、とくにどこの高校にいたのかといった情報がものすごく価値を持っているんですよね。同窓生どうしの結束力が異常に強いところもある。

いや、これはこのあいだの甲子園にも、ぼくの母校の済々黌《せいせいこう》高校という学校が出場したんですけど、大阪桐蔭《とういん》高校と戦う時なんて、全国じゅうからOBが集まってきて、向こうは地元のはずなのに、うちの高校のカラーである黄色がスタンドにあふれてキラキラになって大阪でさえホームのようになってしまっていた……。とんでもない規模の人たちが母校のことで熱くなってしまうのは土地柄なのかもしれませんね。

大同窓会というのが毎年開かれていて何百人かが参加しているのですが、四十歳になると幹事がまわってくるんですね。ぼくたちもあと何年かでそれがまわってくるからということで、「これからちょくちょく集まって、役割を決めて準備していかなければ」って、何年前から同窓会の準備してるんだって県外のかたからは驚かれるかもしれないようなこともしています……。熊本のかたとどこかではじめて会うと、だいたい「高校、どこね？」から人間関係を探っていく展開になるんです。「だれだれ先輩がおったろ？」とか、それでだいたいの学年の雰囲気とかをつかんでいく(笑)。そういう土地ならではのしがらみもあるんですが、そういうある程度コンパクトな規模であるからこそ、それはご縁となってつながってもいきやすいんです。そういう中で、ぼくとしては地域のご縁もしがらみも楽しんでいるところですかね……ははは。

6章

さっきから仕事や仲間について「好きだった」という話ばかりたくさんしているように見えるのかもしれませんけれども、私にとって、書店員は好きだからこそ続けられた仕事なんです。

高頭佐和子さん／取材時は丸善・丸の内本店に勤務

たかとう・さわこ／一九七二年、神奈川県生まれ。
取材をさせていただいたのは、二〇一三年の二月十八日だった。

*

この仕事に就《つ》くに際しては、ずっと書店員になりたかった、とかそういうことはありませんでしたが、小さい頃から本は好きでした。大学時代には図書館でアルバイトをしていましたし、製本工場でアルバイトをしたこともありますから、どちらかといえば縁があったほうなんでしょうね。私はなにかにつけて根性なしなので、なにかをやりはじめてもなかなか続かないのですが、本を読むということだけはずっと好きで、なんやかやいって続いているのってそれぐらいだったんですよね。まぁ、それでも、大学の時などはぼんやり過ごしていたし就職もなんとなく決めたというのが正直なところでした。

大学一年の頃は割と授業が忙しかったものですから、とくにアルバイトはしていませんでしたが、そのあとは本関係だけでなくいろいろなアルバイトをしていました。マヨネーズ工場とか流通センターとかそれなりにあちこちでアルバイトをしていましたから、さっきいった本にまつわる仕事にしても、振り返れば、ちょこっとしていたんだなという感じなんです。楽しかったのは大学の図書館の仕事ですね。大学生にとってはいい定番のアルバイトでしたし。

あとは学生時代にも臨時で一週間ほど、本屋で働いたことはありました。ともだちが住んでいる町の駅前にあった小さな本屋さんで、そこの店長が年末年始に旅行にいくあいだだけ店を見てくれる人を募集していました。いま考えたらよくそういう時に臨時のアルバイトに店をまかせるよなとは思うんですけど、それで店番をやったことはあるんです。まったく慣れないものだから、レジの操作でへまをして店の人に怒られたり、まぁ「売り上げ」で打つべきところを「返品」で打ったから怒られて当たり前なんですけど、そういうことでいろいろやらかしていました。店長からは、「まぁ、たいしてむずかしいことは訊かれないだろうけれど、なにか質問されたらわからないので何日以降にきてもらいたいと伝えておいてください」といわれていた。

それで、本屋で働いてみてこれだと思っただとかいうことはまったくなかったんですね。どちらかといえば、当時はまだバブルの残り香もあった時代なので、もう少し時給のいい、短期でかせげるアルバイトを求めていたというか、製本工場に勤めたのもそういうわけでしたし、だから休暇のあいだに一カ月とか二カ月とか集中的に働いていたように覚えています。

製本工場では、新潮文庫のしおりのひもをひたすら折りたたみ続けるという作業をして、とくに楽しくはなかったんですが、製本をミスるとこういうふうに本は切れてしまうものなんだ、とか、しおりは外に出ないようにはさんでおかないと切られてしまうんだとか、そんなことがわかったというくらいでした。その時にしおりのひもをたたみ続けた新潮文庫は筒井康隆さんの『薬菜飯店』でしたね。楽しくはなかったけれども貴重な経験だったという、まぁそういうアルバイトでした。

就職に関しては……じつは私は、ほんとうは就職することがいやだったんです。どうせやるなら本にまつわる仕事がいいなとどこかで思っていながらも、私のまわりには出版社に就職した人が多くて、でもそういう人たちはいつ会ってもちょっと疲れていました。いまも編集者はそうなんでしょうけどみんなものすごい忙しいみたいで、自分は当時はそんなに体力もないと思っていましたから、たぶんそういう仕事は無理だろう、と考えていた。それでも、働くならしっかり働ける仕事がいいなとは思っていたんです。

そんな中で、よく客としていっていた青山ブックセンターは好きな場所だったし、割とその時には「本屋のほうが出版社よりは楽だろうな」みたいに感じていたところがあった。それと、私はこう見えてもかなりナイーブなところがありまして、なにか他人を傷つけないでいられる仕事がいいなと当時は考えていたんですよ。まぁ、出版社が人を傷つけるかといえばそうでもないのかもしれませんが、良心の痛むような仕事や、どこかの過程で人を裏切らなければならない局面に巻き込まれないで生きられる仕事をしたいというような……いま考えたら、そう思っていたこと自体が甘すぎたんでしょうけどね。それでも当時の私は、そう切実に思っていたわけです。

当時、就職の状況もなかなかきびしかったですから、先の展望もあまりないまま、あちこち就職活動にいく根性もなかったので、やっぱり客として好きだった青山ブックセンターがいいじゃないかということであっさり就職したわけです。まぁ親からはいろいろ反対されもしましたが、ほかに働くところもないしということでそうなりました。

＊

就職して一年目は六本木店に勤めたのですが、ここは変わった人が多かったですね。深夜まで開いている店だからお客さんが変わっていたと思われるかもしれませんが、店の人たちのほうが変わっていました。出社すると、朝から本をめぐって「どっちのジャンルで売るべきか」なんてことでほんとうに真剣に争って、いいあっていて……。慣れてくると、そんな彼らはある意味ではとても真剣で熱い人たちなんだなとわかりましたが、最初の頃は「仲良くしたらいいじゃないか」と思っていましたけどね。そういう人たちに囲まれて毎日が緊張の連続だったような気がします。

お客さんも、とくに細かいことをいわれるわけではないのですが、見る目がきびしいかたが多かったですからね。きびしい上司と一緒に文芸書をやりなさいといわれて、たぶんストレスのせいだと思いますけど目の上にへんな腫《は》れものができてなかなか治らなかったりはしました。その上司はきびしい人ではあったんですが、細かくデータを取らなければいけないとか、お客さんとはこう向き合うんだとか、この仕事の基本についてさりげなくもストレートにもいろいろ伝えてくれて、心から感謝していますね。

ほかの先輩たちも癖のある人が多かったんですけど、たとえばなにかのフェアについて「私、やりたいです」というと「やってみればいいじゃん」「じゃあ、こういうふうにやれば？」とおもしろがってどんどんやらせてくれたんですね。そのあと、いくつかの書店を渡り歩いて、それからほかの店の人たちからも話を聞いてみたりしてわかったのは、そこまで新人に対して開かれている環境って当時の書店の中ではあまりなかったのではないでしょうか。なんだか目の上が腫れてしまったのには困りましたが、恵まれていたんだなとは思います。一年後に異動になった時には、まだ一年しかいなかったのにみんなと離れるのが悲しくて泣きましたからね。

＊

二年目には新宿のルミネ1の中にあった青山ブックセンターに勤めることになりました。いまのようなおしゃれなルミネではなくてちょっともたっとしたルミネだったのも懐かしいんですよね。改装する前で、いまのルミネとは雰囲気がちがいましたが、女性客の多い店でした。当時の自分と同じぐらいの年齢のお客さんが集まるところでがんばったらいいじゃないかということで異動になりました。その新宿のお店もみんな前向きで、働いていて楽しかったですね。店長はゆるいところときちっとしたところが両方あって安心できる人でした。

それから当時はまだ書店業界全体がいまよりも余裕があったこともあって同じ世代の書店員もわらわらといて、みんなで盛りあがったりしながら仕事が進められました。そこでなにかをやるとフェアなどはおもしろいぐらい当たりましたし、ほかの店にいる先輩たちもいろいろアドバイスしてくれていました。そういうふうに後輩を育てるいい土壌があったんだなぁ、と思い出します。いま思うと私は生意気《なまいき》な小娘だったとは思います。「高頭さんが休みのあいだに代わりに担当の本を並べて出しておくと、次の日に出しかたがよくないとかどうのこうの文句をいわれるから出したくないんだけど」なんていわれてました。そういいつつも手伝ってくれたりして、いい環境で働かせていただいたんです。

会社的には、だんだん経営的に状況が悪くなっていった時期ではあったんでしょうね。私たちの給料だって安かった。でも、そうはいっても会社のほんとうのきつさは私たち現場レベルの社員には伝わってきていなかったという時期でしたかね。

時にはだめだしだってされたんですけど納得できるものでしたし、なにか新しいことをやろうとしても文句もいわれない。よかったら店のみんなで「よかったね」といってくれる。先輩後輩関係なく、フラットに意見を伝え合うこともできている現場でした。六本木にいた一年目から、このかたのサイン会をやってみたいですと話すと、手伝ってくれたんですよ。「いいだしたんだから、あんたがやりなさい」と背中を押してくれながら、そのための準備を先輩たちは手伝ってくれて、意見も伝えてくれて、私がなにかがんばれば、見逃さずにほめてくれる。

そうですね、私はそういう青山ブックセンターのみんなのことがほんとうに好きだったんですよ。そこでしか働いたことがなかったから、当時はそうやって手伝ってもらうことも当たり前のことだと思っていたんですけど、いま思うといい環境でした。あれを本屋の世界でどこでも通じる「普通のこと」だったとはいまは思いません。文芸の担当になったばかりの時、私がミステリーが好きだといったら、「じゃあフェアを企画してみて」ときっかけを作ってくれたり。気を抜いているとちゃんと叱ってくれたのもいまになってみるとありがたかった。発注のコツとか綺麗に陳列する方法とか、基本も教えてくれた。

＊

私が入社してすぐやめてしまった人で思い出深い人がいます。「本を並べる時は心臓の位置を意識する」とか、印象的なことをおっしゃっていて、かっこいいなあと思いました。そのかたがやめる前には一緒に飲みにもいったんですが、「高頭さんはさ、これからもずっと働いて生きていくんでしょ？　おれはやめちゃうけど、きみはがんばって」とか、いまこうして口でいうだけだとなにに動かされたのかわかりにくいかもしれませんが、新人にとってそういう言葉って心に残ったんですよね。

スタッフのみんなが、具体的には私がどんなことをした時にほめてくれたのかというと……「この作家を前に出してフェアをやった人っていままでうちではいなかったけれど、やったら割と売れるんだね、気がついていなかった」とかそういうことです。私が新宿店で文芸書をやる前に担当していた先輩もいて、その先輩の作る棚も私は大好きだったんですが、「高頭さんがやったあとのほうが、おれがやっていた時よりもずっとよくなったよ」といってくれた。私をがんばらせようとしての言葉だとはわかっていたけど、それでも細部を「これまでずっと男の店員がやっていたから、女性エッセイの棚なんてやっぱり同性にやってもらってよくなったね」というように見てくれる。それで新宿に移ったあとには、そんなふうにいってもらえるのなら、と女性向けエッセイの棚だとかを一生懸命やることになったんですよね。

それまでは雑誌でいうと『噂の眞相』とか『SPA!』とかを読んでいる、いまでいう女子力の低い子だったと思うんですけど、そうやって仕事を一生懸命にやっているとやっぱり、あ、本が売れるってこういうことなのかというものもだんだん見えてきました。それも、仕事をしていておもしろいなと思ったところですね。

本とお客さんの関係が見えてきて、ちょっとしたことで売れるんだなと思ったのは、たとえばずっと売れていなかった本のそばに出ている展示物がよごれていたのでとりかえてみたら売れはじめたとか、そういうことです。そんなことで売れかたが変わるものなんだという相関関係が見えてきた。しばらくは一生懸命やっているだけで、結果が出ていながらぽかんとしていた時もあったんですけど、仕事がちょっとずつわかってくるのはうれしかった。

＊

そのあとには商品部というところに異動になって、イベントを企画したり、全店の文芸書の仕入れなどをやるようになりました。仕事自体はとても充実していて、職場の人たちだけでなく、イベントを通して知り合った出版社のかたや著者からいろいろなことを教わって、それを売り場にも活かせていたと思います。

働いていてつらいなとか、やめたいなとか思うようになるのはこのあとですね。ニュースにもなりましたが、とにかく青山ブックセンターの経営がどんどんきつくなっていった時期でしたから。会社があぶないんじゃないかという雰囲気が漂ってきて、尊敬していた上司や先輩が会社を去ってしまうような出来事がいくつも起きていきました。そういう中では、働くうえでのよりどころが次第になくなっていったというのが正直なところですね。

当時の私の気持ちとしては、その商品部というところにいたからこそ、この会社の文芸書は自分がちゃんとやっていかないと、しょっていかないと、ということでした。商品部という場所でこそがんばろう、私が成果を出そうと思っていたんです。でも成果があがらなくて、先も見えなくて、どうも会社がよくない方向にいっているようだなときつくなっていって……。ロッカールームに座りこんでつい泣いてしまうこともよくありました。

とにかく経営の状況がよくないので、私が「百冊」と記入して仕入れたはずの文芸書も現場には五冊しか入ってこないなんてことが続いて、最後にはついに一冊も入ってこなくなりました。売り場で接客するスタッフたちは、とにかく本が入ってこないことで店頭でお客さまに叱られていました。だから当時は商品部にいた私よりも現場のほうがずっとつらかっただろうとは思います。いま思うと、私のような一社員にどうにかできる状況ではなかったですが、商品が入らなくなったりするうちに、自分自身が誰からも信用されないだろう……なんて感じるようになってしまって。最後ほんとうに全店閉店してしまった時は、とにかくつらかったですよ。

閉店して残務処理をしている時にはみんなでカラオケにいって、「自分たちは、一緒に働く仲間にだけは恵まれていた」「こんなにいい仲間と働ける機会なんて、もうおれたちには一生こないだろうな」なんて話をしたことを記憶しています。私もほんとうにそう思ったんです。こんなにいい仲間と出会えることなんて、この先の自分の人生にはもうないだろうな、と……。自分より年下の女性店長が、どんなにつらくても一生懸命現場をまとめている姿を見て、私もがんばらないと、と思いました。最後は、みんなで支えあっていた感じがします。二〇〇四年七月のことです。

＊

いまいったのは会社の内部の人たちへの視線の話、でしたよね。外部のかたがたである取引先のみなさんに対してといえば、とにかく申し訳ないというのがありました。会社が急になくなってしまうというのは、どれだけの人に迷惑をかけるのかというのがよくわかりました。取引していた業者さんたちは、品物を納入していたぶんはお金が払われなくなる場合もあるわけですから。

みなさん、事情を説明すると「社員のせいではないですから」とはいってくださるのですが、そうはいってもやっぱり「自分たちのせいではない」とはいえることではないですよね。自分たちが働いていた会社の起こした問題なわけで、それで迷惑をかけているんですから。そうして迷惑をかけた企業の中にいたからこそ、さっきいった「もう、自分はこの先には誰にも信用されなくなるんだろうな」という感覚も出てきたわけです。……それほど大昔のことでもないにしても、つらいからあまり思い出さないようにしていたので、ひさしぶりにこうして話すと、やっぱり当時のつらさがなまなましくよみがえってきますね。

会社がだめになっても、店舗が運営できる方向にまとまることを祈っていましたが、取次からの破産申し立てというかたちで全店閉店することになりました。そうなると、取次が商品をぜんぶ取りにくるわけです。青山ブックセンターには取次から入れている商品だけがあるわけでもないので、出版社と直接に取引している本であったり、著者からお借りしていた展示物などは「これは取次さんからのものではないので、持っていかないでください」なんて店頭でやりとりしながら、最後には店舗の中がすっかりがらんどうになってしまったさみしい風景は忘れられませんね。いまは書店の閉店も「よくあること」と思われるのかもしれないけれども、当時、青山ブックセンターぐらいの規模の書店の破産はあまりなかったので、驚いた人も多かったと思います。

あ、当時、マスコミに対する、青山ブックセンター存続に向けての署名運動のメールを受けとられたんですか？　ありましたね。いったん青山ブックセンターは閉店、ということになったあとに、出版社や作家のかたがたがなんとかできないかといってくださったことは心からありがたいとは思いました。最終的には洋販による支援で営業再開が決まったんですけどね。つまり、青山ブックセンターがなくなってしまうというわけではなくなった。

ただ、そんな状況の渦中《かちゅう》という頃、本屋大賞を立ち上げるという仕事で知り合ったかたから「新しい店を作ることになったので、そこで書店員をやったらどうだろうか」とはいっていただいていたんです。こちらとしては、まずは会社の問題に決着がつくまでは、ちょっとやめられないなという状況がありましたから話は保留にさせていただいていましたけれども。青山ブックセンターの存続が決まった時には、やっぱり働き続けたいなという気持ちもあったんですよ。自分の中では、やめることはずいぶん前に決めていたはずだったんですけど、大好きな書店でしたからね。ただ、やっぱりこれだけのことが起きたのだから自分の中でけじめはつけたいなと思って、最終的にはやめることにして、新店舗を作る書店に移ることにしたわけです。

＊

それで、さきほどちょっと話をした新店舗の話についてなんですが、青山ブックセンターのほかに自分が働かせてもらえる店はないとその時は思っていたけれど、店作りからスタートできるのは自分にとってチャンス、と考えてお話をありがたく受けることにしたんですよ。もちろん、条件だとか環境だとかは、正直なところすごくいいというわけではなかったですけど。それで次の会社に入社することにして、新店舗ではじめからやり直したいなと考えて、思いきって青山ブックセンターをやめたわけです。

仲間とのカラオケでいいあったように、「もう、あんな仲間たちと出会って働くなんてことはないんだろうな」とは思いながら、もういろいろ頭で考えすぎたり決めつけたりしないで、新しいことをやってみたいな、と。だから誘っていただいたところでの仕事もやってみたいなと思ったわけです。私自身はぼんやり働いていただけですが、いままで出会った先輩がたや、イベントなどで知り合った出版社のかただとか作家のかただとか、そういったみなさんから教えていただいたさまざまなことは特別なものだったんじゃないかと感じていたんですね。だから、教えてもらったことを活かせる場所があるのかもしれないのなら、それをやってみたい、と考えたわけです。

ただ、いま話したようなことも、ようやくいまになって筋道を話せることなんですけどね。その時には、いまいったようなことを思いながらも目の前の修羅場《しゅらば》にふりまわされていたから、ここまで理路整然と状況を捉えて決断をしていたわけではなかった。本屋にしても、いやなことがたくさんあったからもう二度とやりたくないという部分もあったのでかならずしも自信を持って選択した道ではないのだけれども、当時毎日考えていたことをまとめたらいまいったようなことになるのでしょうかね。

私に対して「新しい店舗をやってみませんか」といってくれたのは、ときわ書房という会社の聖蹟《せいせき》桜ヶ丘店でした。たまたまそれほど遠くないところで通えるなとも思ったし、祖母が住んでいた町だったから縁があるなとも感じました。それと、会社そのものに関してはときわ書房の本店というのはいったことがあっておもしろい店だと感じていました。

その本店は船橋にあり、青山ブックセンターとはかなりちがうタイプの書店です。青山ブックセンターでは置いていなかった成人コミックや雑誌を置いているし、文芸や文庫が個性的で、おそらくスタッフみんなでおもしろいことをやろうとしているんだなと感じられる展開をしていた。なまなましさも含めてパワフルな店だなと感じていたんです。新しい店の方針について事前に話してもらった「売り上げさえ出せれば、なにをやってもいいよ」という発言が、どこか、青山ブックセンターで教わったこととも通じているかもしれないなと思ったんです。ときわ書房は千葉を中心に出店している書店ですが、オープンする聖蹟桜ヶ丘はなじみのある場所で、お客さまの雰囲気もわかるんじゃないかとも感じていました。

それからやっぱり、また店に出て働きたいなとも前から思っていたんです。私は青山ブックセンターでは入社三年目ぐらいから、商品部というところで初回に注文する本の数を決めたり、イベントを企画したりという役割にまわっていたので、どこか自分は現場の苦労を知っていないんじゃないか、とは思っていたんです。以前は社内では「おまえは、なんかおもしろい企画でも考えておけ」と思われている気がしていました。このまま勤めていたら、店舗のスタッフとして働くことはないのかなあ、とは感じていたんです。知り合いの書店員のみんなが飲んでいる時にいっていた「アルバイトが急に休むから困るんだよね」みたいなことをいってみたいというか、現場をまたやってみたかった。

当時、ときわ書房に移ってすぐに新しく作る店のコンセプトから関われたのも楽しかったんですよ。青山ブックセンターの商品部にいた時でも、新規出店のための準備で本を選ぶといった仕事なら、何店舗ぶんかやったことはあったんですけどね。でも備品の手配とか店員の採用とか、すべてに関われたのはうれしかった。店長は私ではなくて別の店との兼任店長がいたのですが、そのかたはだんだんお店にこなくなったので実質的には私が店を動かしていく必要があって、それも重荷だったとかではなくて「自分で決定しなければならない」という状況が当時の私にはちょうどよかったんです。

しかも、メンバーには、とても恵まれていました。メインのメンバーとしてはまずは入社二年目ぐらいの女性と、あとはほかの書店で働いていた女性がふたり、そのあとしばらくしてからもうひとり、やっぱりほかの書店で活躍していた女性がきてくれたんですけど、みんな、とても本が好きだったんですよね。それに、「なにかおもしろいことをやりませんか」という話をすると、みんなで「やりましょう」となったんです。これは驚きました。青山ブックセンターにいた時のことで話したように、すでに私はみんなで一丸《いちがん》となってなにかをやるということなんてもうないだろうなと感じていたのに、「……あ、また、できるんだ！」と思えて。

パートの主婦の人とか学生も含めてみんなすごくいい人で、私が苦手な片づけなんかを一生懸命手伝ってくれたんですよね。病気で休む時だって、一方的に休みますと電話をくれるのではなく、私に電話をしている時点ではすでにほかのアルバイトの人に自分から連絡を取ってくれたうえで「誰さんがきてくれるというので頼みますね」といってくれたり、みんなで協力して店の営業を手伝ってくれて、いいムードだったんですよ。仲がいいとかいうより、私のほうがみんなのことを好きという感じでしたね。

時間が経てば、メンバーのライフスタイルだって変わるだろうし、一緒に働いていた誰かがやめるかもしれなかったし。それでも、当時の私としては、このメンバーだからこそ店がちゃんとまわっているんだなと感謝できるスタッフたちでした。お客さんも、いいお客さんがついてくれていました。私はあのお店のことがものすごく好きでしたね。もっと売り上げがあがればさらによかったわけですけど。……いま、「店が好き」といいましたし、私はこのインタビューで何度も「好き」って話をしているように思われるかもしれませんが、私にとっては書店員って、好きだからこそ続けられた仕事なんです。

＊

……でも、事情があってそのお店も閉店することになってしまいました。じつは、はじめから少しは「たいへんそうだぞ」という状況を抱えながらのスタートではあったんですけど、お店の家賃が値上がりすることになって「もう、営業は続けられません」となってしまったんです。閉店の可能性を上司からにおわされてから閉店するまでの一年間は、働いていてもほんとうにつらかったです。

なぜつらかったのかというと、それを働いている人になかなか伝えられなかったからです。たまに本社の会議にいくんですけど、そこで「存続はむずかしい」という話になっても店では話してはならないんですね。でも、みんなにも生活があって、この店がそのうちになくなるのなら、別の仕事を探すことだって時間がかかるじゃないですか。現場にいる中で正社員だったのは私ともうひとりだけで、あとは契約社員だったりアルバイトだったりしたので、この店がなくなったら収入としても困るわけです。

だから、私はちょっと、これはこのままでは精神的な病気になるすれすれだなというぐらいに思いつめることになってしまって……。苦しくてもう耐えられないなと思いました。店の状況についてはみんなに知らせられない、と隠して悩んでいたつもりだったんですけど、みんなはどこかのところで気づいていたみたいですね。あとで聞いたら「高頭さん、へんだよね、なんか悩んでいると思う」と話していたらしくて。あと月商がいくら上がれば店は残る、という計算はできますが、そう簡単にできることではなかった。会社としてもしかたがなかったことだといまは思います。

*

いや、閉店になってしまったことは、ものすごく悲しかったですよ。まさか、店を閉じなければならないというこんなに苦しいことに二回も遭遇するとは思っていませんでした。「あぁ、なんで自分ばっかりこういうことになってしまうのかな」とか「自分のやりかたがほんとうに悪いところもあるのかな」とか思って、もうちょっと耐えられない、尋常な気持ちではいられないと思うほど苦しくなりました。それでも、正式に決まった際には、お店のスタッフのひとりずつと話をしなければならなくて、そこで働いてくれていた人には申し訳なくて……。

青山ブックセンターの営業停止の経験が参考にはなりました。こういう時にみんなの心の中にどういうことが起きるのかを予測できた点はよかったけれども、それに慣れたくはない、と思っていました。逆境に対して強くなれるのはいいことかもしれないけれども、起きていることに対して感覚が麻痺《まひ》してしまうというか、鈍感になってしまうのはいやだなぁと思っていて。

ただ、青山ブックセンターの時にはほんとうにいつなにが起きるかわからないという修羅場でしたが、ときわ書房の聖蹟桜ヶ丘店の際には閉店までの過程はきちんと段階を踏んで進めることはできました。その過程でも、次の仕事を見つけるのがたいへんだろうに悪いことをしたなぁと思っていたアルバイトの子も含めたみんなが、ひとりとして「お店がなくなっちゃうんだから、もうどうでもいいや」みたいな態度に傾くことがなかったので救われたんですけどね。みんなに、「閉店してしまうことに関しては申し訳なかったけれども、せっかく一緒にやってきたからには最後までいい店で終わりたいよね」と伝えたら、「そうだね」と全員が最後まで休まないで協力してくれたし、手を抜かずに協力してくれた。

地域のお客さんにもよしとしていただいていたなというのは、これは大型書店ではなくて町の本屋だったから、すごくダイレクトに日常的にわかるものだったんです。常連さんが普通に話しかけてくださったり、おすすめの本はと訊いてくれたりというやりとりの中で、こちらからはきていただけてうれしいし、向こうも楽しくきているからねみたいなことをわかりあえていましたので。

なくなる前には、常連のうちのひとりのかたが「この店の棚のある部分は都心の大型書店よりいいと思うよ」なんていってくださってお菓子を持ってきていただいたりして……。そうそう、お菓子が集まってきたんだったよなぁ、あの時には。お客さんからお花やお菓子をたくさんいただいて、私たちの店は愛されていたんだなぁ、と。ありがたかった。ほんとうに最終的に閉店という日になったら、店の最後の姿を見ようというお客さんが集まってくれたんですよね。

その最後の時にいちばんうれしかったのは、うちのスタッフがお客さんからねぎらいの言葉をかけられていたこと、でした。そのスタッフは児童書を担当していたんですが、女性のお客さんから、「あなたのおかげで、私の息子も本が好きになったわよ」といわれていたんですよね。まぁ、そんなことがあって、ほんとうに最後の最後はみんなで片づけ用の台車の上に乗って遊んだりとかそんなふうで明るく終わった感じでしたけれども。

青山ブックセンターの時もそうでしたが、閉店したあとは、なんだかみんなで集まって毎晩飲みにいってしまうんですよね。なんでそうなるのかはわからないんですが、みんなでずっと一緒にいたいみたいな気持ちになる。あれってなんなんでしょうね……。青山ブックセンターの時も、倒産となったあとに、みんなであと片づけをしている瞬間瞬間が、すごくいとおしかった。もう、みんなで働けないんだなと思うわけですから。

＊

ときわ書房を離れる時も、私はやめてほしいといわれたりしたわけでもないんです。むしろ、異動先を用意するからといってもらっていたんだけど、やっぱりちょっといろいろ思うところがあって、それこそ青山ブックセンターの時と同じかもしれませんが、「けじめをつけたいな」ということでやめることにしたんです。お店のスタッフたちにそのことを伝えると、「高頭さんはそうすると思ってた」といっていましたけど。ただ、書店員をやめてなにをするのかはとくに決めていなかったんですよね。

まぁ、もう書店員はやらないのかもなとぼんやり思っていましたし、知り合いからも、とにかくあなたはいまは疲れきっているから、しばらくのんびり過ごしたほうがいいよ、といわれていて、私自身もなかばそうするつもりだったんです。でも、まずはじめに心境の変化みたいなものがあったのは、閉店するというまさにその日で、その段階に実際なってみると、「あ、私はこれでもうほんとうに書店員としてはお店に立つこともなくなるんだな」と思ったら、とにかくたまらない気持ちになってしまったんですよね。なんというか、「青山ブックセンターの時とも、このときわ書房の場合ともちがって、今度やめるとしたら自分の意志で書店員をやめられるようになりたい、そのためにももう一回、本屋で働きたい」と思ったんです。

そう思ったまま現場を離れて、もちろんどこかで書店員になりたいなとは思いながら、現実的にできるかどうかはわかりませんからほかの職業の可能性も探るというような日々をしばらくは過ごしていたように思います。みんながいってくれたように、ほんとうに疲れていたからしばらくはだらだらとしていたんですが、たまたまその時期に、お世話になったかたが、いまちょうど人員に空きがあるからよかったら丸善で働くのはどうだろう、という話をしてくださった。どうしようかな、とは思ったんですが、私はちょっと「そろそろ働かないといけないからな」という気持ちもすでにあったんですよね。

失業していたので定期的にハローワークに通うじゃないですか。すると、まぁなんかいろいろいやなこともあるので、帰りにハローワークの近所の公園に寄ってビールを飲んだりすることにもなる。コンビニで買ったビールと焼売《シューマイ》ですよ。すると、まわりを見たら同じようにハローワーク帰りのおじさんたちもちょっとビールを飲んでいるんですよね。私って環境に流されやすい人間ではあるんですね。だから、なんというか、このままだったらこの環境に馴染《なじ》んでしまうというか、もしかしたら一生、ビールを片手に焼売をつまみながら公園で休んでいるみたいになったらどうしようとも思って……しばらくはのんびりしようなんていっていたらあぶないんじゃないかと感じまして。

それで、もう就職しようと思ったこともある。自分自身のためにまた働き直さなければと思って、それで丸善・丸の内本店で働かせていただくことになったんです。もともと、青山ブックセンターに入ったのは制服とストッキングを身につけなければいけないような会社はいやだと思っていたところで、というのもあったのにもかかわらず、もう丸善に入る頃になると、制服はあるけどストッキングははかなくてもだいじょうぶであることも入社後に発覚しましたし、もうそんなことはどちらでもいいというか、それよりも書店員になりたいという気持ちのほうがずっと強いという状態になっていましたね。

＊

私は本屋大賞に立ち上げ時から関わっていますが、書店という場に思い入れを強く持ちながらずっと働き続けられているというのは、この本屋大賞でいろんなかたにお目にかかったことが大きかったからだろうなとは思います。もともと、書店員たちと出版社のかたがたとかで集まると、おれたちでなんかできないかなというような話になっていたんです。そういう集まりが何回かあったあとに、本の雑誌社のかたが「このあいだいっていたあれ、ほんとうにやったほうがいいんじゃないのかな。いっぺんみんなを集めるので、高頭さんも一緒にやろうよ」と誘っていただいてみんなで作りはじめたのが本屋大賞だった。

みんなで相談して、やっとのことで一年目を立ち上げて結果が出た時の四月は、すでに青山ブックセンターはたいへんな状況にあって、私が注文した大賞作品は自分のところにはぜんぜん入ってこないという状態だったから、初年度には本屋大賞の本を売ったなぁというよろこびを味わえなかったんですが。その本屋大賞を作っていく過程で出会った仲間たちはすばらしかった。書店員でなくなったら、この本屋大賞には関われなくなるな、それはいやだから書店員であり続けたいなというのももともと頭にあったんです。それで仕事が途切れず続いているというのもあるのではないでしょうか。

本屋大賞の運営に関わることで、会社や職業のワクを越えて人とつながる現場にいると、話がどんどん進んでいくというのがまずは気持ちがよかったんですよね。そのつど生じてくる問題は、かならずしもすべてが解決されるわけでもないんですが、会社の会議のようにはだらだらしないで、いろんな職業、背景を持っている人たちで力をあわせてやっていこうよという雰囲気がとてもよかったし、本屋大賞がだんだんと影響力を持っていく過程をすべて見ることができたのはいい経験になりました。それによって、「書店員が何人かいただけでは無理だったことでも、世の中のいろいろな分野で仕事をしているかたがたと関わっていけばこんなにも広がっていくものなんだな」と、少しは視野が広くなった気がします。

もちろん、私としては本屋大賞を有名にしたいという気持ちはなく、「本と本屋に出会ってもらうきっかけをなにか作りたい」というつもりでこの企画に関わり続けてきたつもりです。こういう賞にしても十年もやっていれば知名度などでは大きく成長したとはいっってもいろいろな問題も出てきていまして、いろいろな人たちからその問題を指摘もされているわけで修正していく必要もあるのかもしれないのですが、それはそれとして本や本屋について話題にしてもらう機会が増えるのはありがたかったわけです。

そもそも書店員って基本的には生活不安があるんですよね。給料は安いし、勤めている店はなくなっちゃうかもしれないし……だけど、もしも、もうちょっと本が売れてくれたら、私たち書店員の未来も明るくなるんじゃないか。それに本はいまよりもっともっと売れていいものなんじゃないかという、そういう思いもこめられた企画ではあったんです。つまり、大賞に選ばれた一冊の本を推薦したいというよりは、それをきっかけにさまざまな本の存在をあらためて知っていただきたいというのがまずあったわけです。本屋大賞自体はとても有名になったけれど、文芸書の売り上げがよくなったかというと、本屋の経営も文芸書の売り上げもきびしいままですけどね。

この本屋大賞というものがあることによって、たとえば書店員がこれまでよりもやる気を出すことにつながるだとか、もっと書店にお客さまがきてくださるようになるとか、そういうところをもっと追求できるようになるといいんですけどね。私が書店員になった頃はあまりないことでしたが、近年書店員が帯や広告にコメントを求められることが多くなりました。書店員の発言権を高めたいわけでも、書店員を有名にしたいわけでもないんです。自分もたまに本についてコメントする機会を与えていただきはしますが、いちばん大切なのは現場の業務によって本を輝かせることだと思っています。

ほんとうの意味で書店員に興味を持っている人なんていないんじゃないでしょうか。また、それでいいと思うんです。書店員って、いつも本にさわっているから多少は本のタイトルには詳しいわけですけど、それ以上でも以下でもないんですもんね。並べて売るというのが私たちの本来の仕事なんです。本の魅力をプロとして伝えるとなれば、それは書評家の言葉のほうがずっと届くはずです。書店員がほかの人よりも得意にできることは、本を並べることぐらいでしょうから、お客さんがこういう本を欲しいと思っているものを届くように工夫して並べる売り子なんですよね。

＊

書店員の仕事の魅力について、ですか？　これはむずかしいですね……。書店の数は減っているし、新入社員を採用する会社も少なくなっている。いまはそういう業界も多いと思いますが、「新人を採用してプロとして育てていこう」という書店は少なくなっているのではないかと思います。現場でアルバイトとしてがんばって正社員になるというかたもいますが、この仕事にかけたいと思うような展望が感じにくいというケースも多いと思います。

私がこの世界に入った時にはもう少し新人が定期的に入ってきていて、それこそ返品、検品、事務作業から出版社とのつきあいかたまでひととおり学んで、プロの書店員とはこうあるべきというイメージがある程度共有されていたように思います。でも、いまはそういうのではなくて、とりあえず忙しいものだから現場の仕事をたくさんやって、その中で残る人は残ってくださいみたいなことで日々が続いていくような気がします。そういうこともあって、この仕事については私自身としては好きですけれども、もうすぐ大学を卒業しますという人がいて、本屋に就職しますといわれたら、「え、たいへんだよ」とまずはいうと思います。そう伝えてもやりたい人はやればいいのだろうけれども……と、そんなふうに思うんです。

いま、丸善にきてみて大型書店ならではのよさだなぁと思うのは、各ジャンルや業務についてプロフェッショナルな人がいることです。わからないことに関しては、自分よりも詳しい人がかならずいるのでお客さんの要求に応えられやすい。

お客さんの特徴としては、とにかくみなさん、丸の内という場所柄ゆえにそうなのか、ほんとうに社会との関わりが深くていろんなことに興味をお持ちで、あとはとにかく向上心が強いのだなということを売れる本によっても感じます。学ぶことも多いんですよ。そういうみなさんが読んでいる本を私自身も読んでみることで好きになる本の種類も増えていきました。

＊

丸善にくる前は、「歯車」という言葉にいい印象をもっていませんでしたが、いまはちがいます。チームの中でそれぞれが決められた役割をまっとうすることで、お店がひとつの価値を出していくことができていくわけです。そのためには、歯車としてきちんと働いていくことが大事なんだろうなと、最近はいつもそんなことを考えますよね。

そして、そういう仕事のやりかたの中で、いろいろな人に教わってきたことをちゃんと誰かに受け継いで、いままで関わってきた人たちに恩返しがしたいと思っているのですが、なかなかできていないんですけどね。そうした思いがあるということを、普段、周囲に話せてもいません。そこはなかなか歯がゆさを感じるところではあります。たくさんのことを教わりましたからね。ひとりずつ名前をあげてしまうと、それだけでかなりの時間がかかってしまうほど、本を書く人、出版に関わる人、それからお客さんや一緒に働いた人たち、さまざまな人たちから教えていただいたおかげで、なんとかここまで仕事を続けさせてもらってきました。

いま、そういう書店員としての仕事が社会の中で曲がり角にさしかかっているのかどうかといえば……うーん、そうかもしれないなとは思います。社会の中の本屋というのは、すごく遠い未来には、たとえば、かつて使われていたものでいえば「木桶《きおけ》」みたいなものになっていくのかもしれないなとは思うんです。書店員がひとりもいなくなるかといったら、それは木桶がいまもまだ残っているように残るだろう、というように感じているんですね。

桶の話でいうと、いまって、基本的にはプラスチック桶を使ってみんなはお風呂に入るわけですけど、すると木桶なんてほとんどの人が日常的には使わないものになるんだけれども、それでもちょっと、旅館にいったら使ってみたいし、求める人は少数でもずっとい続けるだろうなとは思うんですね。つまり、職人のかたがたが木桶をひとつも作らなくなったとしたらそれは困るという。本屋もそれと一緒で、なくなったらとても困るのではないかと思います。

私のまわりにいる本好きの人たちでさえ、時には「本はネットで買えばいいじゃん」というような時代です。ともだちでさえも「本なんてどこで買っても一緒」と書店員である私の前でいったりする。たしかにそうなのかもしれない。でも、本屋がなくなっていいのかといえば、少なくとも私はいやで、だから遠い未来に紙の本や本屋がどんなふうになっていっても、木桶のような存在としてでも絶対に残ってほしい。

＊

さまざまな人から教えてもらったことをあとの世代に伝えられていない、ということについては……うーん、そもそも、この業界で現場をかなり長くやっていて、本のこともよく知っている人でも、「おれもさきざきのことを考えたら、そろそろ就職したほうがいいのかな」なんていうような世界ではありますからね。それは、私からはそうするのもいいかもね、としかいえない。

たとえば、本屋大賞のようなものを通して本に関わる人たちとつながることはとてもおもしろいと私自身思っていますし、若い書店員で積極的に参加している人もいますが、私から誘ったりするのは迷惑なのでは……と感じてしまうことがあります。ずっと続けられるかわからない業務について、あの集まりに一緒にいこうよとか、がんばろうなんていうのは、さらに時間を奪ってしまうだけになるのかな、と……。

私が最近読んで興味深かった本に『建設業者』というのがあって、その中にはいまはすでに少数派になっている仕事も出てきたんですよね。家を引いて移動させる「引き屋」という仕事なんておもしろいなと思ったのですが、いま、それをお願いしますといわれるのは一年に一回あればいいほうだなんていう話を読むと、やっぱりその技術を誰かに継承させるというのはできなくもなるだろうなぁと感じたという、そういう話ですよね。

今後、ネット書店や電子書籍のシェアが上がっていっても、いままでたくさんの書店員たちが努力してきたことを、かたちを変えてでも残していけたらいいなとは思っているのですが。私が入社した時には検索機もなくて、書店員の知識というのが重要視されていたわけです。学生時代にいった大型書店で「こういう本を探しているんですが」とたずねると、あの棚の何段目にありますからとさっといわれるのなんていいな、好きだなと思っていましたし、小さい頃には、テレビかなにかで観た本についてすぐに見つけてくれた本屋のお姉さんってすごいなと思っていましたけれども、いまは検索すればたいていのことはわかりますよね。まぁ、なんだかんだいっても、キーワード検索に出てこない本を探したりするのには知識や経験が必要ですから、まだいまのところは昔ながらの書店員のよさも便利だということで重宝はされますが、それでもなにかほかの仕事をするうえで評価されるものにはなりませんよね。

いまいってきたような状況の中で、私が書店員という仕事をするうえでなにかの手がかりになりそうだなと感じているのは、お客さまの話をよく聞くということでしょうか。私はいまの店舗でも、一日に一時間ぐらいレジに入っているんですが、やっぱりレジで接したり問い合わせを受けたりすることで、店にきてくださるお客さまのことがわかってくるような気がします。

それから、ブックアドバイザーといってお客さまの探している本や次に読みたくなる本について相談に乗ることもしているんですが、これをやっているうちに、こちらの知識を伝えるというよりは、お客さんの話を聞くということの中にこの仕事の可能性があるのかもしれないなと感じはじめてきたんですね。恋愛小説が好きな大学生の娘に、父親が贈っても気持ち悪がられない小説をプレゼントしたいんだけど、なんてお父さんの相談だとかに乗っているうちに、いまの時代の書店のありかたが見えてくるのかもしれないな、というか。このあたりはまだわかりませんけどね。

本は残るものだけど、書店員の仕事はサービス業なので、かたちとしては残らないものだなとは思います。私の場合、過去に勤めた店舗がほとんど閉店してしまったので、やってきた仕事が残っていない、という気持ちが強いかもしれません。ただ、人と話をしていて、「本屋でこんなフェアを見たことがあって……」といわれたのが、偶然、自分の手がけたもので驚いたんですよね。だからといっていい仕事をしましたとか人の記憶に残る仕事ですとかいうつもりもないんですけど、どこかで誰かにちょこっとでも残るものがあればそれでいいというものなのかな、私たちの仕事というのは……と感じたりもします。

7章

プラスのことだけを見られていたらいいなとは思いながらも、
現実はそれだけではないんですけど……ただ、
いいことだって起きていることも、私はじかに見て知っているんですね。
きちんとした本を手がけて、一冊入魂で届けようとして
本を作っている人たちがいることは事実として知っていますから、
そういう本はちゃんと届けたいなと思っています。

佐藤純子さん／ジュンク堂書店仙台ロフト店

さとう・じゅんこ／本書の冒頭のインタビューのあとに体調を崩して入院し休暇を取っていたこともあり、最後に、もうひとこと健康と将来という側面からもこの仕事について話を聞かせていただいた。取材日は二〇一三年の三月二十六日だった。

＊

入院したのは、前にインタビューをしてくださったしばらくあとですね。入院は二回してしまったんですよ。秋になって、お腹が痛いのがなかなか治らなくてそれでお店を休んじゃったりというようなことが続いていたんです。私にとって、実家とはまた別にこの仙台にいるお母さんのような存在のかたに「火星の庭」という古本屋さん兼カフェをされている（前野）久美子さんがいるんですが、話していたらすごく心配してくださり、久美子さんのダンナさんに電話もしてくれて「一緒に病院にいこう」と夜間の病院まで連れてきてくださった。

お医者さんからは「この応急処置でもしも調子が悪いままだったら入院するしかないです」といわれて帰ったんですが、翌朝やっぱりお腹がとても痛かったので、自力でタクシーを拾って病院にいきました。そうして、急性胃腸炎だったんですけれども入院になって、二週間ぐらいお店をお休みすることになってしまいました。しばらくは療養しなさいと休暇をもらい、よし、もうだいじょうぶかなとなって復帰したのですが、またお腹が痛くなってしまって……。

同じ病院に相談しにいったら、もう一回入院をしてしっかり治しましょうという話になったのが、二回目の入院でした。ただ、入院とはいっても手術をするとか薬を飲むとか積極的になにかをするというわけではなくて、とにかく食べないで治しましょうというものでした。点滴だけして絶食をするという……それで、通算で一カ月ちょっとぐらいはほとんど仕事をしないで休むということになってしまったんです。そのあと、年が明けてすぐにもひどい風邪を引いて休んだりしてしまっていました。いまは平気なんですが、そういうことがありましたね。

私は正社員ではなく定時社員というかたちで時間給で働いているので、休んだぶんだけ生活は苦しくなります。入院費用も割とかかって、それについては「今回はいいから」と実家が出してくれたので「すみません」と甘えはしたのですが、もともと貧乏なのですが医療費貧乏になっているのがいまの状況です。年明けすぐの風邪はよくなったんですが、私はもともと持病があって、検査入院をする必要もあったりして、それで時間もお金もかかるし、お店を休んだらまた職場のみんなに迷惑をかけちゃうし、なかなか体の問題というのはむずかしいんです。

お店の仲間たちは体調に関してはすごく寛大で、「休んで迷惑をかけるとかなんとかいうのはもういいから気にするな」といってくれています。ただ、いまの状況というのはとくに恵まれていてたまたまそうなっているにすぎないのだよなとはわかっているんです。たまたまこのお店にいて、よい仲間がいてくれて「気にしなくていいよ」といってくれているからなんとか仕事を続けていられるけれども、もしもほかのお店だったりほかの会社だったりしたら、もう確実にクビなんじゃないのかなとは思いますからね。

書店員仲間の中で体を壊す人の割合は、まぁそれなりの数にはのぼるだろうとは思います。体力が要る仕事ではありますからね。重い荷物を持ちあげることが多いためか、腰を悪くする人はけっこういます。ヘルニアだとか、腰痛持ちだとか、あの店のあの人はぎっくり腰になって救急車で運ばれただとかいうのはよく聞きます。それから、ずっと立ち仕事でもありますね。

＊

あとは、体を動かすことが多いせいか、女性は赤ちゃんができたあとに続けにくいことはあるようです。体に負荷をかけるから妊娠中に続けるのは心配というのもありますから、座り仕事のかたよりは出産による離職は多いんじゃないのかな。ある程度お子さんが大きくなられたあとに書店に入って働いていて という話は聞くんですけれども、出産されたあとに復帰というのは、ほかの書店のかたにお話を聞いたりもしたけれど、自分の身近ではひとりしかいませんね。あとは、いない。

さっきいった、休んだぶんだけお金がもらえなくなるというのは、そのような仕事を進んでやっている自分ではあっても、やっぱり年齢もそれなりにあがってきていると、保障がないのはおそろしいなぁとは思います。これに関しては私だけでも、うちの店だけでもなくおそらく書店員の中では共通して感じがちなことなのではないでしょうか。ほかの書店のかたからもそういった気持ちはよく聞きますので。ひとつのお店の中にいる正社員さんの割合が店長さんと副店長さんのふたりだけという店舗は多いようですから。

それから、うちはそんなことはないのですが、ほかの書店ではパートさんとかアルバイトさんは二年経ったらやめなければならないようなシステムになっていたりするところもあるようです。二年って、せっかくいろいろと仕事ができるようになった時に、本人もきっと残念だし、店にとってもマイナスなんじゃないのかなぁと私は感じてしまいます。それでまた新しい人を採用して一から教えなければならない、というような話を聞いたりすると、うーん、二年交代制はあんまり幸福なシステムではないような気がします。

ただ、世の中で経営をしていたり経済を見ていたりする人からすると機能的なのかもしれません。私にはわからないけど。現場にしかいないので、やっぱりそれでは育てた人材がもったいないし、たいへんだなぁと思ってしまいます。

最近では前よりは食べものに気をつけるようになりましたね。栄養のあるものをちゃんと食べよう、とか。入院したのは自分に原因があったんです。遅番で十二時半から夜の九時半まで働いたあとに、私は割と夜ふかしをするんですがその時も夜ふかしをしてしまって、それで翌日が早番で朝の九時半から五時半まで働くなんていうことで疲れてしまっていたり……。

将来のことについては、たしかになかなかむずかしい側面もあるのだろうなとは思います。私と同世代の書店員で結婚してやめていく人もいます。このままずっといまのままではいられない気がするからとやめて別の仕事に就いている人もいます。私自身はいまの雇用形態で働いて長くて、ずっと本屋でいたいし本のそばにいられたらいいなとは思うんですけど、どうなるのだろうなと。このまま四十歳、五十歳、六十歳と年齢を重ねていくのは、想像できないことでもないけれども、現実的にそれでやっていけるのかどうかはすごくむずかしいだろうなと思うわけです。

結婚をしていてだんなさんがお仕事をしていて自分はアルバイトで、というふうに書店員をされているかたはいますし、独身でも実家暮らしだったりというかたはいますけれども、私のようにひとり暮らしで年齢を重ねてずっと定時社員でというのはそんなには多くはありません。うちの店ではそういうのは私と、あとひとりぐらいですかね。それでもそのままずっとやっていけなくもないのかもしれませんが、ほんとうに可能なのかなと想像してみたら、ちょっときびしいかなと思っています。ほかにどうするあてもないのですけど。本屋が好きなんだから独立をなんて考えたとしても、そもそも独立するための資金も持っていないし、もしほかのお店に移るとしてもほかのお店にだってそんなにゆとりがあるわけではないでしょうからね。

＊

さきほど、正社員のかたは少ないといいましたが、そもそも正社員のかたにしても条件がよいわけでもないだろうなとは思います。ただ、私も何十年間もいまの定時社員というままではいられないだろうなという気はしているんです。ジュンク堂書店は大きな書店ですけれども、それでもジュンク堂書店の中でも事情があって閉店してしまったお店もありますし、入居しているビルの関係や店舗の老朽化で一時的に閉めているケースもありますけれども、ずっとできるというわけでもないんですね。ほかの書店さんにしても、やっぱりもうすぐ閉店するらしいとか、あの地域で定評のあったあの店も閉店したらしいとかいう話は、ここ数年よく聞きます。

もちろん、新しいお店ができますよという話も聞きます。たとえば仙台には大きいツタヤさんができたんですけれども、新しい書店ってそういう大きいものがどーんとできるものが多いような気がしています。でも、その陰では、失われていくものがたくさんあって。大きく報道されることはないけれど、長く続けてきた小さな本屋が閉店していってしまう。でも、面積の大きさの比なんか関係なくて、失われた時間だったり場所だったり、失われた書店員の人材だったりというのはとても大きいんですね。私自身も、いつそういう「失われたもの」の側になるのかわからないなと思っています。

「それでもジュンク堂は大企業でしょう」ともいわれますけれども、そもそも仙台におけるジュンク堂書店の営業形態が特殊で、大中小の三店舗がひしめきあっていて、私はそのうちの「小」の店にいるんですね。細かい話ですけれども営業にひびくことでいえば、うちの店だけポイントカードが導入されていないから、ポイントカードが使えないならほかの店にいくから、と会計の途中で帰られるお客さまも多いのが悲しい。それが売り上げにひびいているのではないかと……。会社の方針や事情は詳しくはわかりませんが、ポイントカードを使えるようにしていないということは、もしかしたら会社としても「仙台ロフト店」を続ける気がなくなっているのかな……なんて心配になります（二〇一三年六月にポイントカードは導入された）。

＊

さきほどいったように、書店業界の中って、虚実はさまざまであっても、「そろそろあのお店がなくなるらしい」という噂がまわるものなんです。そんな話題の中でうちの店舗の名前があがることがあって、よくほかの書店のかたから「なくなるんでしょう？」と質問をされていて心配していました。たまに「仙台にジュンク、三つも要らないでしょう？」なんて人にいわれるとその通りだろうなとは思うんですけど、まぁそれでもうちは独自の路線をとがんばっているところです。なかなかその独自の路線もでききれないところが悩みではあるんですけどね。

変わったことをやろうとするとうまくいかなかったりとか、あまりいろいろやりすぎちゃだめともいわれることもある。土日にあまり休めないので、イベントに参加しませんかといわれてもなかなか出られないこともあるわけです。このあたりはスタッフのみんなにはずいぶん助けられているんですけどね。一緒のチームの子が融通をきかせてくれて「いいから（イベントに）いっといで」と送り出してくれる。私、その子がいなければこの店にいられないなと思うほど、そうしたイベント参加の際には「いっといで」と背中を押してもらっているんです、ありがたいことに。

接客業という仕事柄、一カ月で土日に休んでいい回数は四回までというようなルールがあるんですけどね。そのことについては、本屋の仕事を選んだ宿命だから受け入れなければばならないと思います。実際、うちの店の何代目か前の店長にいわれたこともあるんです。「本との関わりのありかたの中で本屋でいることを選んだからには、あきらめて削《そ》ぎ落としていかなければならないところはいくつかあって、土日に休めないだとか、立ち仕事が多いだとかはその中のいくつかだよね」と。本屋を続けながらいろいろやりたいのだとしたら、そもそも条件としてあらかじめ受け入れなければならないことだという意味の話でした。

その通りだなぁとも思いましたが、一方では、そういう昔からの条件だけではない、いまの時代だからこそのマイナスな要素というのも最近の書店員には出てきているのかなとも感じました。貧乏だったり、保障がなかったりとかいうことです。土日に働いたり、立ったり座ったり運んだりとかいう作業は昔から変わらないかなと思うんですが。いまだとやっぱりそういったお金のこととか、契約上の待遇のこととかが大きな制約になってきている印象はあります。

あとは、店がとにかく忙しいんですね。人が少ないので。不況で売り上げが伸びないこともあって、なにかでやめる人がいても、そのぶん新しいスタッフがなかなか入らなかったりして、仕事の量そのものは減らないから、それをどうやってうまくまわしていこうとするのか、もいまの書店員の悩みごとになっていると思います。ともすると、どうにかこうにかその日を精一杯やり過ごしていくだけにもなってしまう。

すると、棚が荒れてきたりとか、愛情のない棚になってきたなぁと思ったりとか。「いま見ないでください、はずかしい」なんて思ってしまうような棚になってきたりするのは申し訳ないですね。棚もすさむと、担当をしている私たち自身もすさみますし。以前の、もうちょっと人が多い時にはまだゆとりがあって、こういうのしてみたいとかああいうのしてみたいとかいうのをもう少しやれていた気がするなぁと……それでも、いまでもやらせていただいているほうだとは思うんだけど、なにかこうちょっとやりたいこと、やるべきことをぜんぶやれているという気はしていないですよね。

＊

いまでもいろいろやらせてもらえているほうだとは思うものの、なにが足りないと感じているのかについては……もっとこう、本を見せるというのと届けるというのをひとつずつ大事に向き合いたい、それができていないということでしょうか。自動的にどかっと送られてきた品物をどさっと出して、職場では荷物を片づけるというういいかたをするんですけれども「いやいや、ほんとうは荷物じゃないよね、本なんだよね」とはっとしてしまう。でも、やっぱり物量が多いですから、入ってきた、出せ、片づけろ、返品だ……と荷物のようにあつかってしまう時だって出てきてしまう。もちろん、本屋なんだから本を品物や荷物としてあつかう職業ではあるんだけれども、ひとつずつの過程にかける手間だったり時間だったりがなんだかいやな感じに余裕がなくなっちゃっているんじゃないのかな。それで、さっきいったように思っているんだろうと感じます。

店の規模にあわせた自動的な配本システムで本が送られてくるから、見せたい棚を作るために必要な配本と実際の配本とはかなりちがって、そこのむずかしさもあります。うちの店は割と前に専門書を置かなくなったし、お客さんは女性と若い人が多いからということで、その状況にあわせて店を作っているつもりなんですけれども、あ、これこそうちの店でお客さんに見せたいからたくさん欲しいなと思うような本でも「発行部数がこれぐらいだからこんなもんでいいでしょう?」という感じで一冊だけの配本に留まっていてすぐには大きく展開して見せるのはむずかしいとか、その反対に、たとえばうちのお客さまはあまり買わないかもしれないなという作品が五十冊どーんと送られてきたりとかもする。そうしてあふれた本を、とりあえず置くところがないんだから店頭に出しちゃえみたいなやりかたもなんかよくないなと感じているわけです。

ひとつの作品に対しても、それを買う読者のかたや、作った版元さんや書いたかただったり、そういういろんな人たちのあいだに立って仕事をしているんだという状況に誠実に向き合いたいわけですけど、なんだか毎日その日の事務的な作業で目一杯みたいになってしまって、かならずしも向き合えていないわけです。本ってほんとうに好きなものだし、私は本屋も好きで仲間も好きだからやめたくないわけですけど、そんな好きな本の中にはほんとうならばそれぞれの世界が詰まっているはずなのに、どうしても「あ、ダンボールで何箱入ってきた」とか、「荷物をなくさなきゃ」と考えてしまうのはよくないんじゃないか、と。

＊

朝、店にきて、補充の本の山、新刊の本の山、と山積みのダンボールを見てしまうとげんなりしてしまって、仕事の対象でもあるのだからそこは割り切って効率的に作業しなければいけないのだろうけれども、ずっと好きだなと思っていた本に対して愛情のないふうにあつかっちゃうのはいやだなと思うわけです。でも、あれこれと店の中でも外でも自由にやらせてもらっているから感謝しなければいけないなと思うんですけどね。

それにそもそも、友人知人に押し配りしている漫画の『月刊佐藤純子』で私の絵を見て楽しいといってくれている人の中には、私が大きい本屋で働きつつ、あれこれ活動をしているのをおもしろがっているかたも多いのかなとも思うんです。ジュンク堂書店という大きい組織によって守られている部分も多いのだろうなとは感じています。ジュンク堂というひさしがあるから雨風がしのげていて、雨やどりをさせてもらっているという感じなのかな。正社員とかではないから、いつ離れるかわからないしクビになるかもしれないし、自分でもいまはずっと本屋をやめたくないとは思っているけれども、いつか「もうそろそろ」とやめる時がくるかもしれないし、やっぱりジュンク堂の中に入っているのではなくてひさしで休ませてもらっている感じなんですね。このままいられたらいたほうがいいんだろうな、とは思っています。

本屋をやりつつ、正社員とかじゃなくて絵を描いたりもしている、そういういろんなものとの距離感の中でおもしろがってもらえる部分もあるのだろうと自分では考えていて。なにかしらの要素が欠けたら、そうじゃなくなっちゃうのかな、変わってしまうのかなと……いいえ、悲観しているつもりはないけれど、そんなふうに思うこともあるんです。

＊

書店に関して一般的にいわれていることで働いている人が見ている現実とはちがうな、おかしいなと思うことはあるのかについて、ですか。そもそも、世の中の一般論がどうなっているのか正確に理解しているとはいえませんが、たぶん、本が読まれていないとか売れていないとか、下向きのしょぼんとした話が多くいわれていることなのでしょうね。ただ、私はそういう話が出てくると、たくさんの人がいっていることって、「だからってほんとうにそうなのかなぁ」とも思うんです。

たくさんの人がそういっているようですから、はい、多数決で採用しましょう、それがほんとうですということでもないとは思っています。つまり、そうやっていわれている以外のことだって、世の中にはいろいろ起きているはずなんです。マイナスのことだけが起きているわけでも、プラスのことだけが起きているわけでもない。私自身としてはプラスのことだけを見られていたらいいなとは思うのですがそうでもないから、不況だ不況だやんややんやというかたもいるのだとは思います。

ただ、いいことだって起きていることも私は見て知っているんですね。きちんとした本を手がけて、一冊入魂で届けようとして本を作っている人たちがいることは事実として知っています。そうして届けられた本が、ちゃんと届くべき人のところに届いていますし、そういう届けかたは増えているようにも思います。それはずっと前からあって、いまもあることで、ただ最近になって私がそういう本と読者の存在に気がつくようになったからそう思うのかもしれませんが。アメリカ大陸は発見される前からずっとあったんだけど十五世紀になって見つけられた時にアメリカ大陸が生まれた、みたいなことで。

＊

最近よく考えることは、普通の生活についてかもしれません。休日になると催しが多くて、人と人がつながるいい機会だなとは思うんですけど、これは仙台という土地柄のせいなのかもしれませんがちょっと多すぎるようにも思うのです。「がんばろう東北」ということでわーっと盛りあがって、それはけっして悪いことではないけれど、そろそろがんばるのをやめたいという時期にさしかかっている人もいるんじゃないのかな。がんばりすぎずにがんばろうという時もあっていいんじゃないでしょうか。私も、みんなと「おーっ」と盛りあがってがんばりたい気持ちもありますし、好きなことでならがんばれることもあるけれども、がんばることに疲れてしまうこともあります。

震災のあとの東北について、ほかの地域のかたが気持ちを寄せてくださるところはうれしいですし、なにかを一緒にやろうといってくれた時にはやりたいと思うこともたくさんあるんですけど、そうだとしても私としては日常プラス一、二度ぐらいの体温のあがりかたがいいかな。そこでぐっと体温をあげて体力を使いすぎてしまうのはあまり……。毎週のようになにかしらのフェスなんかがあったりする中で今年も震災後二回目の三月十一日がきて思ったのですけど、「忘れない」という言葉についても、少し考えてしまうところがあって。

漫画家のいがらしみきおさんが、少し前に、この東北で暮らしてものを作るということについて、お話をされたんですけど、その時にいがらしさんがおっしゃっていた「忘れない、忘れないというのもいいんだけれども、忘れてもいいんじゃないのかな。普通に日々を過ごせたら、それがいちばんいいんじゃないかな」ということに私は共感したんです。もちろん、いがらしさんは「忘れられないけどね」といいながらいまの話をされていたんですが、震災の記憶に正面から向き合い続けることも必要かもしれないけど、普通の生活のためにできることをやるというのは私にはあっているといいますか。

もともと、私は震災のあと、誰かのお役に立てるようなことをなにかできる自信もなくて、思ったり願ったりしかできなかったので、三月十一日をどう過ごすかについても心の中でぼんやりと思っていただけですけど、そうだよね、いつも通りにいられるのがいちばんいいことだよね、と感じたんです。いつも通りに仕事にいって、いつも通りに本屋をしよう。みんなと一緒に店に立って緑色のエプロンを着て本を届けよう、って。今年も三月十一日には館内放送で「黙禱《もくとう》をしましょう」という時間がありました。それはもちろん、特別な日の特別な時間だから、意味のあることだと思うんですけど、でも私としてはなによりもさっきいった「緑のエプロンを着てみんなと仕事をしていられた、元気に普通に本屋ができていたな」というのがうれしかったんです。

店内に常設の震災に関するコーナーはありますけれども、なにか特別にこの時期だからと震災を振り返るフェアをしたりとかもしなかったし、普通に過ごせたことがなによりもよかったなぁというのがつい十何日か前の出来事でしたね。震災のあとはずっと、いつ店の営業が再開するのか、そもそも再開するのかしないのかもわからなくて、普通には働けませんでしたからね。店がなくなってしまうかもしれないと思うとセンチメンタルな感傷と不安でもやもやして、仕事がなくなってしまったらどうしたらいいだろうって。仙台ロフト店はひと月くらいで再開できたけれども、もう一店舗のほうは開くまでに時間がかかりましたからそのことも考えなければならなくて。

その頃、自分の置かれた状況に正直になってものをいおうとしたら、批判をされてしまったりもしました。仙台ロフト店が再開した時、河北《かほく》新報さんから依頼されている市内の書店員ブログのコーナーで「店が開きました、うれしいです」みたいなことを書いたのですが、もうひとつの店舗が開いていないのにそんなことをいうなんて無神経だといわれてしまって。近くにも遠くにもすごい心配してくれていた人もいたから、気づかってくださったこともありがたかったですという気持ちもこめて、正直に自分のいえることをいったんですけどね。しかも、批判は仙台からではなくてほかの町からきたりもしていて、うーん、いろいろなことをいわれる危険性をぜんぶ考えていたらなにもできなくなるしいえなくなるから、いま、ここで、私がやれることをやるしかないし、やりたいしなぁと思っていたんですね。

たまに、聞いたら「うっ」とおびえてしまうようないやな言葉もいわれたりするんですけどね。ただの本屋なのにもてはやされて調子に乗って、みたいなことです。そういうのを心配して「発言とか気をつけないとだめよ」といってくださるかたもいたのですが、でも私、ほんとうにただのひとりの書店員なのになぁと一時期は落ち込んだりもしました。そういうこともあって、普通にいられることがどんなにありがたいかというのはわかっているつもりなんです。

一時期、人の反応を気にして心がちっちゃくなって、かたい殻を身にまとって防御しそうにもなったんだけど、よく考えてみたらそういうことをいってくる人はごくわずかで、私が面と向かっている大多数の人たちは、見守ってくれているし心配もしてくれるし助けてもくれている。なにかおかしな矛先《ほこさき》がこちらに向いてきた時にさっとそれが刺さらないようにしてくれたりもするんです。あんまり気にしていないで、私のままでいられたらいいです。

＊

私はブログもツイッターもやっていますがそれは店の公式な仕事としてやっているわけでもなく、ただの佐藤純子が書いているだけです。そこにジュンク堂書店だとか仙台という場所だとかを見てくれている人はいるかもしれませんが、私だけでなくみんながそれぞれ発信をして、それぞれのみんなが集まっているひとつのチーム、というように店舗がなっていけばいいなと考えているんです。

「ジュンク堂仙台ロフト店としての公式の意見はこうです、どーん」と打ち出すよりも、ひとりひとりがそれぞれ、これが好きですあれが好きですといろいろ発信していれば、「あの店は、いろんな人がいろんな角度でおすすめしているからいってみたいな」となるかもしれない。それがいいかなと思っています。

かならずしも発信して対価が得られるわけでもないですから、誰にでもすすめられるというわけではないですけどね。絵を描いたりイベントに参加したりも書店員としての勤務時間内にできることではないので、楽しいからできるけれど、楽しくなかったら自分を消耗させることになりかねません。私も、楽しくできるうちはやっていきたいです。いつのまにかそうなっていて、あんまり深く考えずにやってきて、「お金が発生していないのにそんなにやってしまっていいの？」と人にいわれて気づいたことなんですけどね。そういうお金のことをちゃんとしないのはだめだよ、とまわりの人にはいわれます。

＊

書店員という仕事をやめたいことはなかったのか、についてですか。普段はそんなにいいませんし、しょんぼりした話で申し訳ないんですけど、最近、はじめてやめたくなってしまったんですよね。

　そうやってもやもやしたり、忙しさの中で大事なものを見失いそうになったりというのもあって、店の中の棚も売れる本と売らせようとして送られてくる本ばかりであふれていて、自分の意図があまり反映されていないな、やだなとも感じて、ついおとといなんですけど、棚をかなり整理してみたんです。忙しくて棚の整理をしている時間なんてなくて、なんて言い訳ですね。海外文学の棚だけですけれども、がらりと模様替えをしました。それは、とてもすっきりしましたね。海外文学の棚ってなんか好きなんです。本の作りもほかのジャンルとどこかちがっていたりして。仙台ロフト店には、海外文学を好んで読まれるお客さんはそう多くなかったので、入荷した本をただ並べるだけになってしまったり、それでも自分の好きなものを地味に地道に並べていました。ずっと棚に動きがないというか平坦になっている気がしたので、ちょっと、ちゃぶ台をひっくり返すような気分で、どさーっと入れ替えた。

　お客さまに対する媚《こ》びだとか、世の中にあわせようとする動きがなくなった棚になったから一時的には売り上げが落ちるのかもしれないけれども、見る人にとってはこっちのほうが楽しいかな、というものにはできたのではないかと思います。この店のお客さまによろこんでもらえるように、と考えてやっていたので自分でも楽しくて……まだ途中なので今後も調整していかなければならないんですけれども。時間がなく、ぜんぶの棚をできるわけではないからいちばん好きな棚からやろうと思って、海外文学の棚だけでも雰囲気を変えてみようと思ってやったんです。

まるまる一日を棚の前だけで過ごせるわけでもなく、何時から何時まではカウンターでの時間、何時から何時までは棚で仕事をする時間というような時間割りの中で、途中で両替にいかなきゃとかレジが忙しくなったら入らなきゃとかいうのをはさみながらなので、土曜にはじめたんですけどその日だけでは終わらず、日曜の朝に終わりました。土日の忙しい時間に思いたってしまったんですが、思いついたらできるだけ早く変えてお客さんにお見せしたかったんです。それができて、その棚の雰囲気は楽しくなったような気がします。

棚はあなたの自己実現の場所ではありませんよといわれたら、はいすみませんというしかないんですが、でも、棚に文脈はできました。かならずしも分類コードに沿って並べているわけではないからあとで調整するのがたいへんなんですけど、お客さまが棚を見て歩く楽しさが増えればいいかな、と考えて。中央の通路のほうから見て「あれはなんだろう?」と思ってこの棚の前まで入ってきたお客さんが、ほかの本も目にして好きになってくれるといいなと思って。

たとえば大型の本は文芸書の棚には入らないから置かないとかいうのではなく、そういう理由で芸術書のコーナーにいっていたエドワード・ゴーリーの絵本を、せっかく棚の幅は調整できるようになっているんだからと「借りていいですか」と芸術書担当者にお願いして海外文学の棚の目につきやすいところに持ってきたり。その日の新刊に『赤毛のアン』のスクラップブックというビジュアルで楽しめる大型本があったんです。それもいつもなら、置く場所に困ってぞんざいに棚に差しこんでしまうところでしたが、同じように目につくところに文庫と一緒に並べてみて、『赤毛のアン』を昔読んだりアニメで観たり、それからもし『赤毛のアン』を知らなくてもかわいいものが好きな人がこれから楽しむきっかけになるようにということで置いてみたんです。

＊

そうやってあれこれ企画をするのが私は好きだったしいまもやっているんですけど、ずっとひとりで続けていくのはむずかしいと思いまして、店全体がひとつのチームとして動いていく中では、フェアを自分ひとりでぜんぶ企画して実行するというこれまでのひとりよがりなやりかたをあらためて、フェアをまとめる係になろうとみんなに声をかけるようにしているのも、私の最近の変化かもしれません。「ねぇ、この期間のこの棚は空いているんだけど、なんかやってみない？　このあいだ、こういうのがあったらおもしろそうといっていたけど、それをやってみない？」と誘ってみたりするのです。

自分が自分が、というのではなくみんなでやったほうが楽しいし、みんなもそのほうが楽しいんじゃないかな、と。仕事が増えるからやりたくないという人もいるかもしれないけど、声をかけると乗ってくれて、担当ジャンルを越えたよい企画をしてくれる人もいるんです。これはこの何カ月かでやってみてよかったことですね。フェアを企画することで自分の棚以外のジャンルの本にも興味をもつようになって知らない世界が見えてくるし、そのことが次になにかをやるきっかけにもなりますから。

ほかに考えていることは、やっぱり売れる本や売らなければならない本はあるのだから、それをちゃんと売ってこそだということです。売り上げを確保してこそ、自分の売りたい本だって売る機会を作れる。「志」だけで売れるわけではないから、売る技術みたいなものもきちんと向上させなければならない。きっと書店員の誰もがしている当たり前のことですがそこは意識しておく。

そのうえで、ですよね。仙台ロフト店ではこんな本もおすすめですよというのを伝えていくのは。ほかのお店と、並んでいる本自体は同じものでも、「この店だから出会えた本」と思ってもらえる。この店で人と本との物語が生まれたらいいな、と考えているんです。そうなるためには、店の雰囲気や接客の質をよくしなければ、と。お客さまへの接客対応が、仙台駅前ナンバーワンでありたいなと考えています。

……なんだかいろいろ話をしましたが、普段はそんなに考えこんでいるわけでもないんですよ。こうしてお話をしているあいだに、あの時に私はこういうふうに思っていたんだな、と言葉にする時になってあらためて自分で気づくのが新鮮でした。一冊入魂の本は私たちも大切に届けていけたらなぁということにつきるんです。それから、尊敬できる同業者の先輩がいるのはやっぱり私にとっては大きいです。

最初に話をした「火星の庭」の久美子さんなんて、久美子さんはいったい何人いるんだろうというぐらいいろいろな活動をしていて、大きな催しをたくさんやっていながら、お店もおろそかにしていなくてひとつずつにまっすぐ向き合っていますから。私がぐたっとしている時も心配してくれたりして。きびしいこともいうけれどもそれは母親のように心配なんだ、ファミリーなんだからというようなことをいってくれたことがあって、すごくうれしかったんです。私は久美子さんにはなれないんだけれども、それでもひとつひとつのことを大事にしたいなと、最近すごく思うんです。接客でも人とのつきあいでも、催しでもなにかを作ったりすることでも、ひとつひとつとちゃんと向き合いたいな、と考えています。

＊

仙台の町には、いろんな人がいます。ひとりひとりに質問してみたくなるんです、いま、どうしてここにいてなにをしているんですか、と。きっとそれぞれがその場で耕しているものがあるんだろうなと想像します。仙台の駅前には、もともといる人というよりは東北の各地から進学などできている人だったり、あとは大きな会社の仙台支店への出張ということできているかたが多いように思います。もちろん生粋《きっすい》の仙台人というかたもいるんですけど、なにか理由があって仙台にきて、そのまま住んでいるという自分のようなかたによく出会います。この土地を選んでやってきた人もいれば偶然にきた人もいて、いまここで出会うことが、なんだか不思議だなぁと思います。

仙台で好きな場所ですか。いろいろあるんですが、さっきの「火星の庭」以外で好きな場所、好きな同業者の先輩がいるところとしては、「ポラン」という小さな絵本屋さんですね。(増田)家次子《かじこ》さんという素敵なおばあちゃんが、普通の家でいえば一部屋ぐらいのスペースでひとりでやられているんです。そのかたが二代目なんですけれども固定ファンがたくさんいて、絵本を買いたいというよりは家次子さんに会いたいという人が集まってきているんですね。私も、自分が働く店で買ったほうが社員割引があるし店の売り上げに貢献できるけれど、絵本は「ポラン」で買いたい。

家次子さんと話をしたいな、と思って出かけて買った本って、本の中の物語だけでなく本を読むまでのことも大事な思い出だから、ずっとずっと大事にできる気がするんです。自分もそんなふうに思われる存在になれたらいいなとあこがれます。「ポラン」の店内はすべての壁に絵本がびっしり並んでいて、ひとりが通るのがやっとでふたりがすれちがうのはちょっとたいへんなくらい。いちばん奥の小さな机の向こうにちょこんと家次子さんが座っている。家次子さんはほんとうに地域の人たちに愛されていて、通っている人たちが家次子さんから力をもらっているようなところもあると思うんです。なんか恩返しをしたくなるし、ここがなくなったら悲しいから買いに通い続ける。そういう場所なんですね。

「この場所のありかたが続いてほしいなと思うからそこでお金を使う、この人にお金がいくなら納得できる」、そういうお金のまわりかたがいいなと感じています。そうはいってもきっと家次子さんにもたいへんなことはあって、「いつか家次子さんの跡を継ぎたい」なんて話しても「あと五年はやるから心配するな」とおっしゃる。このあいだもそんなやりとりをしていました。

佐藤純子さん／ジュンク堂書店仙台ロフト店

8章

出世するとか数字を上げるとかとは切り離された、
仕事の中だけであがなわれることってあると思うんです。
そういう普通の仕事の中の純粋なおもしろさって、
誰にでもあるんだな、と感じますよ。

普通の人に、「長く」話を聞いて記録するということ

本書に登場していただいた書店員のみなさんは、すでにこの分野においてはそれぞれまわりの人たちに「がんばっていらっしゃるな」と敬意を払われているかたがたでもある。だから、書店の世界の中ではかならずしも「普通の人」とはされていないのかもしれない。ただ、それでも私としては、よいことをしたとしても悪いことをしたとしてもその活動なり動かしたお金の額なりがほとんど事件としてあつかわれるような特殊な業務に就いているわけではない、地に足がついた市井《しせい》の日本人の声を聞かせてもらったなという意味で、本書に出てくださったみなさんのことを、「普通の人」と呼ばせていただきたく思う。

私は「普通の人の肉声こそ、集めて記録し続けたい」と考えている。その方針の中には、これはなにか「成功」なり「失敗」なりした人による「完結した」物語というわけではないんですよ、あなたや私と同じように、この先にどうなるかもわからなければこれまでの過去をなにかすっきり整理できたわけでもないままの切実な声を割りきれない思いな

んかも含めて生のまま集めてきたら、それこそ勝手にラベルが貼られてしまう前のある種の「歴史の記録」にもなってくるのではないでしょうかとの意図が含まれている。

この意図は、放っておいたらいまいったような「歴史の記録に足る日本人の肖像をかたちづくる普通の人たちの肉声」は拾われづらく、残りにくいために集める意味があるのではないかという、じかに声を聞いて記録することを生業《なりわい》にしている私の、「声の業者」としての考えからきている。そろそろ、ほんとうの市井の日本人の声を、それがゆくゆくは「失われた世界の過去の出来事」になったとしても、たんたんとちゃんと記録をしておきましょうよという意地のような問題意識があるのだ。そんな意図があるからこそ、今回は「善き書店員」のみなさんにそれぞれ長めにうかがった話をまとめたわけなので、そこに至るまでの考えなり体験なりの過程をここでお伝えしておきたい。

私は一九九六年、十九歳の頃から現在の自分のおもな仕事道具かつ取材手法であるインタビューというものに関わりはじめた。おそらく自分と似たような背景を持っている人よりも、当時はとくに異なる世代の人と、はじめてじっくり深めにも話せたことにおもしろさを感じたためだと思うけれども、私はこのインタビューという人とのやりとりにかなりのめりこむようになった。それで、二十歳、二十一歳になった時期からは考えてみればほんとうにほかのことはあまりしてないなというぐらいには、取材のための読書、インタビュー本番、それを文章にまとめることばかりをして時間が過ぎていった。その二十一歳の終わり頃に出版されることになった本（いまは文庫化されて『変人　埴谷雄高《はにやゆたか》の肖像』となっている）の中でもいわゆる「普通の人」へのインタビューをいくつか掲載させてもらい、しかも、あるひとりの人物の生涯を周囲の人たちの声から探るという際にはそうした人たちの声は新鮮に響いてもくれるのだなと取材の鉱脈として感じながらも、そのあとずっと、「普通の人」へのインタビューのみで記すノンフィクションを発表できていなかった。

いま述べてきた年齢の話でいえば、二十二歳から現在の三十六歳に至るまでも、やっぱりずっと、おもな活動としてはインタビューを中心とする「声を聞き、記録すること」ばかりをしてきた。しかし、そもそもまずは、「普通の人」を題材にしてノンフィクションの本にまとめるような企画が成立しづらかった。それでも、だからといっていわゆる「普通の人」へのインタビューをだめだとあきらめるようになったわけではなくて、むしろ、「だからこそ、必要なんだよな」と思うような出来事にいくつも出会い続けてきた。

一般的にわかりやすいメディアの名前でいうのならば、たとえば、縁があって次第に

『週刊文春』『文藝春秋』『朝日新聞』など、日本の中では割と影響力のある雑誌、新聞でインタビューの連載を持つ機会をいただいたり、あるいは公共放送であるNHKの総合テレビの深夜の報道番組に一年ほど、毎週出演させてもらってインタビューをしてみたり、という中でこそ、「普通の人」への取材をしたくなっていったのである。それぞれ自前でさえも取材者を抱えている機関に出入りしてそれぞれのメディアの得意とするところを知ると、同時に、そんな中でも個人の取材者である自分がインタビュアーとしてやる意味のある調査なり記録なりというのはなんだろうか、と考えさせられる。そんな中で、私のような個人のインタビュアーにも独創的な取材ができうる開拓地なのかなと感じられたいくつか残っている方法の中には、だいたいいつもこの「普通の人」への長いインタビューというものが入ってきていたのだ。

集団の取材機関によるある種の同時代史の記録があえて目指そうとはしない取材対象が、この「普通の人」なのである。だから、いま聞いておかないと残らない時代の記録をおこないたいな、と思ったところもある。「普通の人」の談話は、メディアで採り上げられることがたまにあってもほんとうに短いので、これではその人のことがよくわからないなとも感じていた。記録を定着させる過程(どのようにして、どんな体裁《ていさい》にまとめていくのかのプロセス）はいくつもあるので私のような個人の取材者は隙間をつけばいいわけだけど、それで「普通の人」（多数派の取材機関があえて目指さない対象）の話を、しかも「長く」聞いて長いままでまとめる（多数派の取材媒体には載せるだけのスペースがないため）のが、あまりやられていないだけでなく同時代史の記録としても深くおもしろく日本人の肖像を描く方法になるのではないかと考えたのだ。しかも個人の取材者にとってはなかば当たり前ではあるとはいっても、その一連の肉声を聞きこむ、まとめるあいだはなるべくひとりで関わり、一対一で聞いた話を収録する音源を聞き直し、文字に起こすまでもひとりでおこなうことで、手分けをせずに一貫して話を聞いてじかにまとめる重みも出てくる……と考えていたのだ。

「普通の人」の話を「長く」肉声のまま記録するということは、いまの日本国内の大きめのメディアのうえでは、なかなかむずかしい。ノンフィクションの書籍企画としても、あまりたくさんは発表されていない。おそらく、日本ではなくともたいていの地域ではそうだろう。別に誰が禁止しているわけでもなく、なんの闇も陰謀もないわけだけど、たぶん、ただ「そんなどこにでもありそうな普通の話、人気も出ないし求められてもいないから」というだけで、あとは紙面なり放送の時間なりの制約があるからみたいな中で、ひとことのセリフ、ひとつの記述、ひとつの記事や特集の密度を高めるために、多人数によって分業体制で動いて取材がなされていてそうなっているのだとは思う。しかし、ほんとうにそれだけが意義のある取材の方法なのだろうか。「普通の人」の話の中にこそ、ただ新しい現象や結果について知ったりするだけに留まらない時代を代表するような声のトーンがあるのではないか。そもそも、私たちはほんとうに「普通の人」について知っているのだろうか。肚を割って「長く」ほんとうの思いを語る機会が、「普通の人」の生活にほとんどないのだとしたら、二時間なり三時間なり、一対一で話を個人的に聞き倒して、その人の経験をまるごと呑《の》みこむようにして追体験してみないとわからないことがたくさんあるのではないか。私はそのように考えていった。

　もちろん、自分とは異なる方法を採っているからとはいっても私は大手のメディアの取材のやりかたをだめだと批判するとか敵意を持って人のあやまりを正そうとするとか、そういうのはそれぞれの役割分担を見失った行為だと捉えている。むしろ私自身もそうした既存のメディアによる恩恵を受けている……というかそうした情報はなくてはならない大事なものでもあるから文句をいうつもりもない。組織に属さず、個人で動いて取材をしている身としては少数派であるという好きなように取材ができる自由を活かして、できれば多数派が見向きもしないような、まだ語られつくされていない角度から肉声を集めて届けることによって事実のうちのなにがしかを記録してみたいだけなのである。じかに接した人の声が切実でありさえすればそれを活かして呑みこむというのが私の仕事であり記録業務のために磨いてきた数少ない能力であるからには、いま触れたような大きな組織に属する人たちと仕事をする過程で聞いた話を呑みこんで、集団の取材でできうるものとはちがう可能性を拓《ひら》いていけたらいいなと考えていったわけだ。

たとえば、最近接した報道関係者から実際に聞いた話を呑みこんで活かすのならば、私が毎週生放送というかたちでＮＨＫの二十五分番組のうちのだいたい十分ほどはインタビューをさせてもらっていた中で見つけた取材についての具体的な開発可能性だとか、その場面では充分に追求しきれず個人で探ったほうがいいと思ったことに関してだとか、ひとつずつの小さな発見から彼らの集団による成果物とは異なる方向に技術を伸ばしてもいけるという考えかたを採っているのである。たとえばのついでにいうのであれば、ＮＨＫの報道局という巨大な組織のうちごく一部、一緒に番組を作ってくれていた人たちに限ってではあるが、彼らの高い能力と志を継続的に垣間見《かいまみ》ていてわかったことは、ずいぶん大きかった。個人によって温度差はあるのだろうけれども少なくともそのうちの何人かから感じられたし話をしてもらった中でいいなと思ったのは、「ほんとうのニュース」へのかなり強めの飢えがあった点である。

もちろん、すでに彼らが毎日放送し続けている報道そのものが、ある意味では日本国内におけるニュースの標準になっているのだから「ほんとうのニュース」そのものを作っている人たちだとはいえる。なにか大きな出来事が起きなかったとしても報道のやりかたに少しずつ改良は加えてはきたであろうと想像できる仕事ぶりは毎週彼らと会っていてよくわかったし、東日本大震災以降に「はっきりした事実」以外の情報が出てくる過程をどう伝えるのかについての日本の公共放送の努力にしても、私は個人的に「いいな」と思いながら注目してきたので、「それでもなおかついままでとは異なる『型』を求めているのだな」と感じさせる姿勢に打たれたのである。

そうした報道関係者たちからの「予定調和の、いつもなにが起きても同じような構成で取材記事なりドキュメンタリーの脚本なりを作り、あとはそれを台本通りに読むだけなのはいやだから、リアルタイムで視聴者から質問を受け付け、生放送中に専門家や記者にぶつける番組を作るのですが、それに出演してくれませんか」という依頼のされかたには切実さを感じた。そのようにしてともに携わった仕事のどのあたりがうまくいったかどうかはまた話が長くなるので別にしても、たとえば私がそうして生番組に出演し続けていた二〇一二年のあいだじゅうと、二〇一三年の春までにかけてでいうと、ニュースの当事者である東京電力の役員のかたや、あるいはＮＨＫの仙台支局で報道について悩んだり傷ついたりしてきた現場の記者のかたなど、生放送という緊張感の中でインタビューできたからこそ聞けた言葉はたくさんあり、新しい挑戦ができてありがたかったのである。

そうした「予定調和の打破」や「型通りの取材構成ではない出来事の伝えかた」に挑戦してみると、こちらも余計に、たとえば公共放送の時間のワクを超えるほどの分量、つまり本書で挑戦しているような、「人と話している時間や雰囲気を、できるだけ長く伝える」みたいなことで、個人の取材者だからこそ、集団的な取材機関がわざわざやらない方向でも実現できることをやっていきたいとも考えることが多くなっていったのだ。探そうとすれば挑戦できる隙間はたくさんあるなとも実感した。

本書の主題のうちのひとつである「普通の人」に話を戻すと、数分間のニュースで放送するのならば、たとえば本書に登場していただいた書店員のかたがたというのは不況の中で失われていくかつてのある商売に従事しているかわいそうなみなさんとしての談話しか紹介しきれなくもなるかもしれない。そうであれば、私にとって話を聞いていて興味深いと思っている、それぞれのかたがことあるごとに考え続けてきたにもかかわらずなかなか簡単には体現できず、でも求めたいと希望する書店員としての「善さ」みたいなものの体温にまでは踏みこめない。きびしい業界でたいへんな生活というよくある上辺《うわべ》の図式をなぞるだけで精一杯にもなる。すると、それぞれちがう出来事について、生きている人にそのつど一回限りの取材をしたのに、まとめとしては「いつもと同じ話」ばかりが流れてしまう。インタビューをしていて、一回ずつの取材はほんとうに一期一会だよなと痛感するほど、会ったひとりずつのかたの語りに魅力を感じてきた私としては、「もったいない」と感じてしまう。

しかし数分でなくひとりにつき二時間、三時間ぶんの「普通の人」としてのいろんな側面が出ている談話を紹介できるのなら、その人の過去がどのひとことにも反映されているかもしれないとさえいえる、生命の痕跡《こんせき》としての肉声を本に封じこめることだってできるんじゃないかと考えたのである。「普通の人」が、そのままの存在感として捉えられることはなく、なんらかの社会の問題に巻きこまれた場合にのみ紹介されるに留まっていたら、その問題に関わる話をしてくれる人物が別に出てきたあとには、あるいはニュースの示す結論に割とすぐに賞味期限切れがきたあとには掲載した発言もろとも振り返る価値のないものになってしまいかねない。

ただ、常日頃から人の声を聞いていろいろと加工する作業ばかりしている私としては、その人物から都合よくある問題についての話のみを聞いたのなら取材にはかなり短い賞味期限しかないのかもしれないけれども、そうじゃないインタビューはいくらでもできるよと思ってしまうのである。人物そのものに軸を置き、会った時点までのその人の過去についての実感をうかがっていたのだとしたら、その肉声はある時代の証言としてかなり長く読み直し続けられるのではないかというのが問題意識としてずっとあったのだ。

このあたりは私にとってインタビュアーというのは「過去収集家」みたいなものという捉えかたがあるからなので、少しそのインタビューとはなにかみたいなものへの私の視点を紹介させてもらい、そこからさらに、普通の人に「長く」話を聞くこと、とりわけ今回のように書店員のかたに話を聞くことへの考えを展開していきたい。

以下にいったん示すのは、私がたまに取材を受けて「なぜインタビュアーと名乗っているか」と問われた際に答えていることなので、取材者としての姿勢がわかりやすく伝わるかと思う。自分語りと思われるのかもしれないけれど、一見、よくあるインタビュー集のようでありながらも、構成に取材者としての一般的なまとめとは異なる意図がこめられているなら、その方法に至るまでの必然性を語らないことには、深く理解もしてもらえないだろうと思うから語るのだ。いまの時期にノンフィクションとしてこのかたちで声を届ける意図をはっきり伝えるために、一般的ではないかたちにしただけの考えの筋道をはっきりさせる説明も要るかなと考えているのである。

私自身が自分の職業を「インタビュアー」と名乗っているのは、仕事の素材にしているものを「声」だとはっきりさせておきたいからである。同じジャンルで仕事を続けていく人というのは一般的には「書く人」としての自負を強めていき、キャリアを重ねるごとにじかに取材をすることが少なくなったり、さまざまな引用を組み合わせた中での事実の語りをする比重が増したり、あるいは歴史的な文献にあたってそれらを読み解いてある事象を語ったりする例が多いように感じられていた。しかし、自分としてはやっぱり仕事の素材はじかに話を聞いたインタビューというずっと使い続けられて、自前で一次情報としてのデータを作り続けられるものにしておきたかったのである。「書く人」より「聞く人」でいたいし、自分がこれまで発表してきた本にしてもすべてインタビュー集なのだが、それらの本の質の高さがうんぬんというよりは録音されてノーカットのまま残っているそれぞれの取材の声のまるごとのほうがずっと価値があるのではないかとさえ思っている。

要は、公共の放送局や新聞社などで現場で声を聞くのはだいたいは「若者」で、その聞いた声に結論づけや方向づけをする際に「先輩のデスク的な立場の人」が判断するというありかたをもったいなく思う時もあるというのが私の観点である。そもそものデータ収集の前線でのやりとりにこそ最終的なまとめ以上のかなりの工夫が要るんじゃないか、ほとんどの人がそのうちやめていくみたいなのが「インタビュアー」とされているようだけれど、これだけを続けていったらそれはそれでおもしろいのではないかという考えで私はこの役割を引き受けているわけだ。

ちょっとした聞きかたでかなり成果が変わるのが声による調査だから、私としては個人的にはさまざまな他人や団体による調査をもとに現象を語る場面を目にしても、どのくらい本気で答えているかわからないからな、といつも思ってしまう。調査を数値化するまでには、質問のしかたからはじまってデータを取ってきた人やそれをまとめた人の偏見が入りやすいものなので、そのデータを作った人以外が語ると間違いも起きやすいのではないか、とも感じている。

それから、やっぱり人の話を聞くということでいえば、その声をもとにした取材の結論よりも、聞いた声そのもののほうがずっといいというのはかなり強く実感していることである。ある事象について話を聞きにいき、その事象についてのみの話をまとめるだけでは、声は記事なりニュース映像なりの従属物になりかねない。すると、「やっぱり、転職するのはむずかしいですね。何十社に断られて」など、ちょっとしたその記事の結論に沿った声だけが採用されるみたいなことにもなる。数百字、数分間程度のニュースではそのぐらいの声のあつかいになるのも無理もないと思われるかもしれないけれど、どうしても、「もっと大事なことだって話していたんじゃないのかな」と想像してしまうのである。そもそも人はある程度の事象を語る用に生きているわけでもないし、その事象を語るにしてもその人がどんな過去の筋道を経ていまの考えに辿り着いているのかが重要なのではないか、と私としては思い続けてきたわけだ。それでインタビューをするうちに「話題に対しての結論」よりもどんどん「目の前にいるその人の経てきた過去」を重視するようにもなっていったのである。それでインタビュアーとは「過去収集家」のようなものだと自分の仕事を捉えるようにもなった。

「聞いたままの主観的な過去はどこまで事実として信用できるのか」という疑問が出やすいのも声による取材のむずかしさのうちのひとつだけど、そこはあとで事実を別の方向から確認すればいいわけだ。人の声をじかに聞いて同じ出来事に対してもそれぞれの主観にズレがある場合にこそ「人に会ったな」という気になるようになってきた私としては、むしろ、そこまでズレにズレているさまざまな証言をつないではっきりとした結論を出すノンフィクションに対して、すごいなと思うのと同時に、発言のピックアップや地の文の説明などで操作をしすぎていないかなと構えてしまうところがある。発言の切り取りかた、その前後の言葉の選択によって「ほんとうは取材対象者への暴力のようなものなのだけど、書いた人ならではの視点ともほめられる時もあるまとめの操作」が割と多くおこなわれているのは、インタビューを長く続けていれば誰でもはっきりわかることだ。

個人的には、そうした結論としての魅力が前に出ているかどうか、よりも、どのくらい多めにその人が孫引きではなく聞いた一次情報が採用できているのかどうか、というのが私にとっての取材の価値を左右する試金石なのである。そして、インタビューはまとめかた次第でたくさんの暴力、不幸を生みかねないのだなと思うにつれて、やっぱりインタビューでは前後の文脈をちゃんと伝えられたほうがいいな、できうるならば、相手の語る過去をまるごと記録し続けられたらいいな、と考えるようになった。そうやって声で探っていく種類の歴史との関わりかたならずっとおもしろがってやり続けられて、肉声という定点観測のできるひとつのワクから日本の社会を見つめられるのかもしれないとも思っているわけだ。

　インタビューで語られているのは過去の話ばかりではない。その時の感覚であったり、ある専門家に対してならばその分野の知識であったりをうかがうこともよく出てくる。ただ、たとえばそれらにしても、その人ならではの過去からの姿勢が反映されたものとしての感性の言葉、あるいはある専門分野における過去からの文脈を理解したものとしての知識、というように捉えられる場合もある。そうした過去の声を地の文とともに語るなら、悪い場合には話を聞かせてもらう人が変わってもいつもの同じような結論を引き出す取材者のひとり語りにもなりかねない。取材対象者への暴力のような「その話がキモではないだろうに」と語った人に思わせるピックアップも出てしまうのかもしれない。肉声を多めに記録させてもらえれば、いろんな人の主観による過去が収録され続けて、ほかの人の過去とも比較しながら積み重ねられた記録から時代を見つめられることにもなるのではないか。

　ひとりの人の作品群なら、もしかしたら何冊か読んで「この人の世界はもうわかったから、もういいか」みたいになってしまうところでも、そもそも人の数だけ過去や歴史があり、それぞれの人は一回しか生きられないので「自分の」過去はひとつしか持っていない、という意味ではインタビューによる肉声群は新鮮味を持ち続けられるのではないか、とも思う。そうした誰でもが自分の過去という密室のように閉ざされた観点からものを見ていく中で、他人の過去を自分の過去と比較しながらものごとを見るきっかけを、人に話を聞いたぶんだけでも増やしていけるのが、インタビューによる事実の調査なのかもしれない……と、捉えているのである。

このような方針で、私は日々どんな仕事でインタビューに臨むにしてもたいていは長めのものにしてもらい、そのつどの訊かねばならないテーマはちがってもロングインタビューだから必然的にその人の過去もうかがうことになる……というようにして、基本的にはそれぞれの人の主観による「過去」というものをコレクションしているわけだ。

そのようにして集めた過去をこつこつと積み上げ続ければ、個人的な距離感でじかに聞いて自前でまとめの「てにをは」まで加工した、自前のデータとしても「この時代」が見えてくるのかもしれない。過去が集まれば、時代になり、時代が集まれば歴史になる（少なくとも期間でいうと）のだとしたら、私自身はできれば歴史の痕跡から世の中を見るよりも、じかに聞いて集めた過去から、ひとりの人間が生きているあいだに直接会えた範囲の日本史みたいなものを作れたらいいなと思っているのである。

聞いた声をまとめるのは自分というひとりの人間で、というのも、せっかくのこのおもしろいインタビューという道具をできるだけ贅沢に使いたいという意図からきている。通常の報道機関においては取材は手分けしてなされているため、アーカイブ化されていてもひとりの取材者の「あの話と比べてしみじみこうだったな」という思いをにじませた、定点観測のような同じ質問を重ねて何十、何百というインタビューを比較させながら響き合わせるようにして編み直すことができない。しかし、ぜんぶひとりでやっているのならばそれは簡単にできる。

それから、テープ起こしから文章のまとめまで含めてひとりまとめるあいだ、じかに聞いた話を何回も反芻《はんすう》するようにして捉え直し、考え直すことでようやくわかるその人の主観の世界の特徴というのもどうしようもなくあるように感じている。同じ言語を使っていても、ある単語に特別な意味をこめているんだというようなその人の過去が反映された癖もあって、語られている日本語以上の意味をくみとれたりもする。そんな起こしやまとめも、それこそ連載でのインタビューや対談を続けている「書く人」や、あるいは報道機関における取材者にとっては、「若い頃はするけれど立場を得たら取材業者にまかせて最後の味つけだけに手を入れる」みたいなものになりやすい。たとえば報道機関における取材者は、そのうちデスクやプロデューサーとして若い者のまとめを「直す」側にまわるようになるから話を聞くというのは基本的には「若い人がやれといわれてやる業務」ではあると思う。

私は取材業者としてゴーストライティング業もしてきたのでよくわかるのだけど、そうして世間的には「誰だろう」みたいな業者の人にまとめられた人の手による聞き書きの本のものすごい多さを考えると、私が奥の深さを語るまでもなく、インタビューは取材が関わればどこでも欠かさず使われ続けている道具であるというのは、はっきりしている。ただ、そうして若い人でさえ機会があれば目を引くインタビュー記事が記せるところから、時期がきたら小説やエッセイ、評論などを記す立場に移るのでもなく、メディアの組織で管理職となってそれらを指導する側にいくのでもなく、ずっとインタビューを続けているからこそ味があるという道もありなのではないかと考えているのだ。私自身はこの世界にいる「業者」だから、そうしたスタンスを採っている同業者のことも知ってはいる。しかし、どうにも少数派であるよなということも実感しているのだ。

こうした話はそれこそこの本の題名に絡めていうのならば私にとっての現時点での「善き取材」の像なのだろうけれど、ここまで説明してみたら、ようやく、「普通の人」に対して仕事の話を中心に、ほんとうにいろんなことをたくさん訊くということへの、取材者としての私なりの文脈というものが伝えられるのである。誤解のないように繰り返すと、私としては、大手メディアで毎日量産されては大量に消費され続けている各種のまとめられた取材に対して、一定の型があって重要な役割を果たしていると捉えている。それどころか、私自身がそうしたメディア上でインタビューの仕事をする機会もある。だから私はある意味ではメディアの内部の人とさえいえる。

しかし、だからこそ「こうしなければ、おおぜいの人に伝えるに足るものにならないから」「こうしないと、人気が出ないので」という理由でそもそも取材対象者にさえなりにくいし、なっても「かわいそうな人たち」「よろこぶ町の人たち」というように役割がある事象に対して限定されがちな「普通の人」たちに、今回私はお願いをして題材、素材になっていただいたのである。取材のまとめの主流として許容されやすいのはどうしても有名人による成功譚《せいこうたん》のようなものとなっている。あるいはスキャンダルもそうであろう。そんな中で、私のように基本的には人の長所を伝えることを得意としている取材者が大手メディアで取材を発表する場合には、たいてい、どうしてもどこかにさきほど触れたような「有名人の成功譚」の要素が入りがちだ。そういう人の顔ぶれにも入れ替わりがあってそれぞれの背景が興味深くもあるのだけれど、どうもそうした話だけを聞いている「だけ」では、いまの日本について等身大の姿を声で聞けたような気がするなとは思えていなかった。

すでに確定された成果とされている、その取材対象のかたがある結果を出すまでの過程をうかがい、それまでの試行錯誤を文章にまとめる時なんかにも、起承転結をつけて盛りあがるような演出を加えてアウトプットとするというのが「有名人の成功譚」の型である。これにしても私は商品としての取材記事を納品し続けてきたから、だいたいこのぐらいの短い分量でまとめるべきというのが体にしみついている。世の中にはそうした取材のまとめに近い、「似たような型」の記事があふれている。これにしても、もちろん取材の現場ではおもしろい話が聞けもするのだけれど、そのような型にうまく技術で押しこめたものにインタビューというもののほんとうのおもしろさが発揮されているかというとそうでもないようにも思える。

そんな、取材者の「書く人」としての技術の高さを出すおもしろさより、もっとほかにあるだろう、と感じているのである。たとえば私がインタビューしていて興味深いのは、相手は本ではなくて生きている人間だという点だ。こちらの対応にもよるけれども、次になにが語られるかわからない緊張感があるから、インタビューはおもしろい。しかし、すでに多少知られている成功譚を、もちろん深く掘りさげはしてもかなり人工的な構成でそれを談話としてまとめてしまっては、インタビューならではの切実な声が重なり、つながり続けるうちにとんでもなく遠くや深くのところにまで辿り着いていることもあるという、「一対一の勝負」みたいな楽しさは失われかねないのである。

しかも、そうした成功譚なのかスキャンダル、事件事故といったものが大量に報じられはするのだけど、たとえば私が個人的に海外のかたに日本の生の声を「これがいまの日本人らしい肉声ですよ」と伝えるとしたら、そうした既存のよくある記事でまとめられている声がよろこばれるとは思えない。英米圏などでの取材と異なり世界的な知名度というわけでもない、国内だけでちょこっと有名という程度の成功譚を追うぐらいなら、それこそ、もっと「いまの日本人らしい声」を主流から逸《そ》れても拾いにいったほうが独特な話が集められるのではないかともどんどん思うようになったし、少し前に私が「取材は響き合う」と記したような、あ、いまの時代らしい、いまうかがえてよかったなという種類の声は、どうしても成功譚みたいなものとはちがっているように思えた。

最近のということで、私が二〇一三年以降に雑誌に発表したインタビューの中から、いくつかそうした印象的な肉声を具体例として割と長めに引用しておきたい。

「小さなことを成立させることでその先につなげるというのが、前よりもこわくなくなりました。考えてみれば、ぼくらはそれぞれ小さな場所にしか行けない存在でもあるんですよね。レコード屋さんに行っても、本屋さんに行っても、ひとりでは一生かかっても味わい尽くせない量の作品が並んでいる。タワーレコードのどこかには、今自分が聴いてるものよりもっと個人的に必要としている音楽があるかもしれないのに、そういうものに出会わないで死んでいくわけじゃないですか。もっと言ったら、誰とともだちになるとかも、ぜんぶそうで。最近、本屋さんに入った時に今言ったようなことをあらためて深く実感して、世の中にある本の多さと自分の処理できる量の落差に対してはくらくらとしてめまいがしたと同時に、何か逆に『あ、人って、ほんとうに世の中のほんの一部だけを味わって、取り組んで、死んでいかざるを得ない存在なんだな』とどこかあきらめもついたんですね。(中略)精神的なきつさがあったとしても、負け続けられる、それが許されてるって贅沢な状態ですよね。人は通常、負けられるほど暇じゃないってなっていくから。でも、一方で勝ちって何だろうとも思う。人は何かに負けたまま終わるから。甲子園でも大阪桐蔭以外はみんな負ける。その大阪桐蔭の藤浪くんもプロでは負ける。だから、勝たなきゃだめって言うよりは、毎日、何かには負けるというのが生きることなんじゃないか。負けた姿や痕跡が、それぞれその人にしか作れない作品なんじゃないか」（広告の世界におけるクリエイティブ・ディレクターの箭内《やない》道彦さんにうかがった話。『日経プレミアプラス』の9号における私のインタビュー連載に掲載させてもらっていた）

「自分がほかの場面でうまくいってたりして気持ちが強くなっていると、ふたり（引用者による注：発言者は写真家で、この「ふたり」というのは大事な取材対象者であり話題にしていた老夫婦のこと）の小さいことが見えなくなるんです。言い方は変かもしれないけど、自分が弱い立場と言うか『小さいものである』と思っている時ほど、ふたりのところでもいろいろなことを感じられた。（中略）（引用者による注：写真集のための作品はすべてフィルムで撮り、みずから現像する。ひとつの対象に六年、三年などと時間をかける仕事の方法については）こちらが本気にならないと、向こうも本気になってくれないからです。不器用なやり方ですが、私はどこか不自由なことが好きなところがあって。不自由さの中には人の手が入る。工夫も入る。そうやって自分の手や体を動かすことでしかわからないことがいっぱいあると思っています。インターネットがこわいのは、わかった気になってしまうところですよね。でも、自分の体を動かしてみれば、頭では考えていなかったものに出会うことになる。そういうのを失ったらペラペラになっちゃうんじゃないか。自分で体験したことでしか自分を作れないんじゃないか。そう思って自分らしく楽しんでいます。自分が楽しまないと、まわりを殺してしまうから。（中略）私はいつも、自分とも目の前にいる相手とも、人らしく正直に関わりたいんです。それができていなかったら写真にもあらわれる。写真ってほんとうに自分の鏡ですよね。自分の成長は写真に写るし、自分が雑な気持ちで相手と向き合ったらそれも写ってしまうし。撮る時に心がけるのは、決めつけないということ。自分をまっさらにすると言うか、相手をたたえる。すごかろうがこわかろうが美しかろうが、相手を尊敬するんです。そういう愛情や畏怖を持たなければ、自分が前に出てしまい、写真が死んじゃう。相手を殺しちゃう」（写真家の古賀絵里子さんにうかがった話。『日経プレミアプラス』の5号における私のインタビュー連載に掲載させてもらっていた肉声だ）

仕事でいろんな人に話をうかがいにいく私にとっての、いまの二〇一三年という時点で日本人らしい声だな、これらはその立場、職業の人にとってだけではなく、「ほんとうの話」として響き合うものだなと感じられたのは、こうした方向での切実な肉声だったのである。いってみれば、「弱さ」や「小ささ」という立場から、しかし網の目の細かい観点による判断を大事にして現実に向き合い、働いてきた人たちの言葉なのかもしれない。

日常的には人気のある成功者を取材する依頼が多く、その際はたまにだけどかなり質問したりまとめたりしてはならない項目があって、人に会った気がしない時もある。インタビューの潜在的な可能性を切り拓いてくれるのは、普通の人への長い聞きこみなのではないかと考えたのは、人工的でなく人に出会えるのではないかという思いからでもある。ついては、日本人らしさがよく出ていて海外からも日本ならではといわれており、声を残したいなと私がこれまで取材対象にしてきた料理人という職業や、ほぼ同じ意味で取材対象にしてきた漫画家という職業に接客業や本に関わる点などで隣接する分野ということもあり、それからやっぱり日本の書店は独特なのだけどその独特さが十年後もあるかといったらわからないみたいな心配もあり、取材対象者を「書店員」のかたがたにさせていただいたわけである。

そうして話をうかがいはじめたら……すぐに、ああ、こういうゴツゴツとした手ざわりのある体験そのものを聞きたかったんだよなという手応えがあった。この分野ならずとも多かれ少なかれ抱えているものに、「書店員」という職業を通してさわっている気がした。いまの働く日本人にとって「これはあなたの悩みや思いでもあるかもしれないですよ」といいたくなるような声がたくさん聞こえてきて取材に夢中になったのである。コツや技術など、成功譚を聞くわけでもない。書店業界全体に通じる話でもない。ネタとして洗練された笑い話があるわけでもない。ただ、自分を等身大以上に見せようとせずに、こうとしか生きてこられなかった一回限りの道についてうかがっている時間は心が落ち着いたし、深いところで「書店員」という生きかたのなんたるかに触れられたような気がする。

仕事の方法論などとしてはとくにほかで活かせるわけではない、とてもせまい話ではある。しかし、精神的には深くまで、その人がほんとうに毎日いちばん切実に思っているところまで潜っていけたら、と考えていた。情報や報道としてあつかわれにくい話を深くまで掘り進めたところに、たいていは「善き者」として働きたいのだという思いがあったことには、あ、人の「ほんとうのところ」ってこういうものなのかもしれないな、と打たれた。そして、綺麗事のように思われるかもしれないけれど、そこまで「善さ」を求めている中ではどうしてもいつも、やめていった同僚への思いやいつまで続けられるかという話が混じってきたところからは、書店があぶないという数字上のデータを見るよりもむしろ業界全体が抱えている傷を現実的に感じさせられた。書店員のかたがたは「かわいそうな人」として語られるべきでも、英雄視されるべき対象でもなく、そうしたデフォルメを省いて「まるごと」たいへんだったけどこうして歩んできたんだと丁寧に話している生きた人たちなのである。悩みも深いから、その合間の笑顔が余計まぶしく思える。そのまるごとの話の細やかさこそが、立場がちがってもいかにも時代を共有しているな、とほんとうに人に会ったなという気にさせてくれた要素だったようにも思う。

結果や評価、出世や成功などといった側面とはまたちがう角度で、それぞれのかたの働いている「ほんとうのところ」をうかがえてよかったなという感覚がある。そんな面からも仕事を捉えるところに納得できるという思いについては、ちょうどこの本をまとめている最中に取材をさせていただいた、小説家の津村記久子さんにうかがった次の発言に通じることがあるため、この項の終わりに、少し長めに津村さんの声を引用させてもらいたい。引用元の雑誌記事は『日経プレミアプラス』8号における私のインタビュー連載である。

「出世するとか数字を上げるとかではない仕事のおもしろさってあると思うんです。私の前の仕事で言えば端が合って綴じられたらうれしいとか。まったく同じ作業でも日ごとに調子がちがうのは、手や体を動かす業務の不思議さだなと思っていました。たまにそれが人にも伝わって、発注してくれた人から製本の綺麗さをほめてもらえた時にはうれしかったですし。綺麗に仕上がったとしても給料が上がるとかそういうことはとくにないのですが、でも気持ちいいな、と。退職前、後任で来る十九歳の女の子に三週間、自分の仕事を引き継いでいた際も、そんなおもしろさを感じてたんですね。その子は紙が好きなんですが、『ここ、ぴったりですよ。ミリ単位まで合っていますよ』とか、ひとりで製本している時には当たり前だった作業の手順を口にして感心してくれる。あまりにほめてくれる中でこちらのうなずきが雑になってくると彼女が『何か私、おのぼりさんみたいですね』と言ったのもおかしくて(笑)。お給料や地位に納得がいかなくても、そういう良さを見つけられたらやっていけるところもあるのが仕事なんじゃないでしょうか。以前、ホームセンターで売場のディスプレイを手がけている方に話を聞いたことがあるんですが、その方もとにかくお客さんが商品にアクセスしやすくと毎日ディスプレイのことを考えていて。たまにお客さんに『わかりやすい』とほめられるとうれしいとか、社内評価とは切り離された、仕事の中だけであがなわれることってあると思うんです。私の友達とかいろんな人に聞いても、そういう普通の仕事の中の純粋なおもしろさって誰にでもあるんだな、と感じますよ。感謝をされるからだけでもなく、介護の業務で会ったおばあちゃんが、すごくおもしろい話をしてくれるとか。十分前のことも覚えていないお年寄りでも昔の話は詳細にの具体的な動きや証言ともされないような、「その時に肚《はら》の底ではどう思っていたか」とか、「倫理的にはどう善くありたいという志を持っていたか」とかいう青臭い部分での気持ちの話こそ、むしろ具体的な数値や言動以上に、かなり近しい人に対してさえ、大事にしている心のよりどころであるがゆえになかなか告白はしきれない、まさにその人にとっての「ほんとうのところ（ノンフィクション）」でもあるんじゃないのかなと思うようになっていった。それ抜きの、数値や結果のみを伝える報道に、むしろ、リアリティを感じなくもなっていった。

私は、インタビューを続けることで「いわゆる社会にとって重要な役割を果たした人の肉声を、生前の声で残しておく政治関係のもの」とはちょっと種類のちがうオーラル・ヒストリーを自分なりには仕事で記録し続けているつもりである。警察の取り調べみたいな質問への回答では出てこないような、詰問《きつもん》では辿り着けない「ほんとうのところ」が、それこそなんだかある意味ではフィクションよりもぼんやりとしたこれというかたちを持っていないものであるところには不思議だなと思うし、おもしろさも感じている。事実をつきつめると、むしろ、かたちのない気持ちに到達するようだということには妙な納得さえあるのだ。

私の業務は、それこそカフェで隣に座っている人に過去について話を聞かせてもらったらすぐにでもはじまるぐらい気軽にやりだせるのだけれど、その素材の「過去」って、雑踏や電車の中にものすごくたくさんいる人たちのそれぞれの中にほぼもれなく、しかもそれぞれの偏りをもってぎっしり詰まっていて、世の中にはそういう無数のかたちを持たない過去や歴史がおおぜい歩きまわっているようなものだからな、かたちのある「ほんとうのこと」のほうが少ないぐらいなのかもしれないな、なんて思って納得するのである。そして、いろんな人のこれまでの「心の冒険」を聞いて集めて記録し続けたら、インタビューは人々の「感情の遺跡」のようにしてこの時代らしさを刻み込むことになるのかな、とすら私は考えている。

そんなふうに、たまたま電車で隣に座ったこのかたはいままでどんなものを見てきたのかなみたいな感覚で、本書の中の書店員のみなさんによる実際の、あるいは心の中の旅の経験に没入していただけたらうれしいな、と思う。これまでとちがう商売をはじめたからとか、大きな結果を出したとか、逆にたいへんでかわいそうな状況にいるのだとかいった「ニュースとして価値のある出来事」に留まらず、彼らがそれぞれ心の中で経てきた「気持ち」のうえでの旅が、表面上の業務とはまた別に、いかに切実で、かつ何度も死んで生まれ変わるかのような激しい起伏のあるものなのかがわかるだろう。同業者にも普段はなかなか話せないほんとうのところ、迷いながらそれぞれ探している彼らの「善さ」についての姿勢を、そういう彼らの「気持ち」はほんとうのことであり、その気持ちについて発言した時間があったことは事実であるというノンフィクションとしてまとめさせてもらったつもりである。

題名にこめた思いについても触れておきたい。この本の「善き」の部分は、もちろん内容的に「善さ」についてうかがったからでもあるけれど、マリオ・ジャコメッリという写真家が一九六四年から六六年まで撮ったシリーズものの作品、「善き大地」を作りあげるうえでの取材対象者との距離感や志を気持ちのうえでは引き継いで取材をしてまとめたいというところもあったからそうなってもいる。ジャコメッリはそのシリーズ名をパール・バックの小説『大地』(英語の原題では『善き大地』)から採っているのでもともとは小説の題名からきているのだが、私の気持ちとしては写真群からのものなのだ。いまとなっては失われた農村風景を、なにか事実として網羅《もうら》することもなく、ごく限られた地域だけ撮っている写真群であり、ほんとうに日常的な農作業をしているだけなのにそれを撮ろうとしてくれているのがうれしいな、おれたちや私たちの働いている姿を撮ってくれよというような誇らしい笑顔と風景との調和がすばらしく、見ているとにこっとしてしまうシリーズなのである。本書は、シリアスな状況やまじめな迷いや悩みについてのある職業人たちの現実を報告するものではあるけれど、長く話をうかがう中ではそれこそその人が仕事の「善さ」や「楽しい、おもしろいと思っているところ」についての話で思わずにこっとこぼれる笑顔にも多く出会った。そんな笑顔も、それこそ「善き大地」の写真群のように収録したつもりなんですよという気持ちでのタイトルの「善き」なのである。

写真家の息子の回想によると、「善き大地」という一連の写真に息子が「六〇年代の田舎の生活」という括《くく》りをした際に父であるマリオ・ジャコメッリが「シリーズ全体がすべての人間の、永遠の人生についてのドキュメントなんだ。それは人間が季節から遠ざかり始めた頃のことで、実際に今ではもう見分けがつかなくなってしまっているからね。不可能のなかに可能を求めようとする私の気持ちなんだ」(『黒と白の往還の果てに』マリオ・ジャコメッリ／青幻舎より引用)と答えたという。せまい世界を究《きわ》めて凝縮させて多くのものを見せようという姿勢にも私は感銘を受けたのだ。

流れ作業ではできない手作り感のある本に、ということで、取材に同行してくださった三島邦弘さん、星野友里さん、渡辺佑一さん、長谷萌さんをはじめミシマ社のみなさんにはたいへんにお世話になった。同じ単語が何度出てもいいし、語尾がこなれていなくてもその人の性格が出ているし、むしろ喋りかたの癖を作文を添削するかのように均質化したワクに閉じ込めてしまったら話していた時間で生きていたはずの勢いや「人に会っている感じ」がなくなるのだし……と、ゴツゴツしているからこそ肉声によるその人の肖像が刻まれるんだ、みたいにしてインタビューをまとめられたのも、ずっと語りと本について考え続けてきたミシマ社のみなさんとだからこそと思っている。体裁や分量、いいまわしのもっともらしさばかり整っている、どこで誰が話した声も無味無臭《むみむしゅう》にしかねない、「文句をいわれないように」という縮こもりが先に立ったよくある取材のまとめに飽きたんだという感覚は、同世代で似たような仕事をしている人たちの中でも、とくに聞き書きの現場を多く経ている三島邦弘さんと私で共有できるものだった。

ブックデザインを手がけてくださった寄藤文平《よりふじぶんぺい》さんには、昨年に刊行された『絵と言葉の一研究』（寄藤文平／美術出版社）の中ではかつて一緒にお仕事をさせてもらった前後の話が記されていて、私が聞き書き業者として携わらせていただいた大事なある本について、「寄藤さんはほんとうに血肉になるように丁寧に読んでくださっていたのだな」とありがたく思ってからは、そもそもそれまでも、もしもなにか自分の中で新しいことができたら自著もお願いさせていただければ……と思っていたハードルがさらにあがっていたので、どきどきしながら、しかも書籍作りの進行的にもはらはらどきどきのまったただなかでお仕事を依頼し、やはりたいへんにお世話になった。ここに感謝の気持ちを記しておきたい。

二〇一三年十月　木村俊介